本书由
中央高校建设世界一流大学（学科）
和特色发展引导专项资金
资助

中南财经政法大学"双一流"建设文库

中|国|经|济|发|展|系|列

中国个人所得税收入之谜研究

李琼 著

中国财经出版传媒集团
中国财政经济出版社

图书在版编目（CIP）数据

中国个人所得税收入之谜研究／李琼著. ——北京：中国财政经济出版社，2019.12

（中南财经政法大学"双一流"建设文库. 中国经济发展系列）

ISBN 978-7-5095-9386-8

Ⅰ.①中… Ⅱ.①李… Ⅲ.①个人所得税-税收管理-研究-中国 Ⅳ.①F812.424

中国版本图书馆 CIP 数据核字（2019）第 246442 号

责任编辑：王 丽　　　　　责任校对：张 凡
封面设计：陈宇琰

中国个人所得税收入之谜研究

ZHONGGUO GERENSUODESHUI SHOURUZHIMI YANJIU

中国财政经济出版社 出版

URL：http://www.cfeph.cn

E-mail：cfeph@cfemg.cn

（版权所有　翻印必究）

社址：北京市海淀区阜成路甲 28 号　邮政编码：100142
营销中心电话：010-88191537
北京财经印刷厂印装　各地新华书店经销
787×1092 毫米　16 开　11.25 印张　180 000 字
2019 年 12 月第 1 版　2019 年 12 月北京第 1 次印刷
定价：52.00 元
ISBN 978-7-5095-9386-8
（图书出现印装问题，本社负责调换）
本社质量投诉电话：010-88190744
打击盗版举报热线：010-88191661　QQ：2242791300

总 序

"中南财经政法大学'双一流'建设文库"是中南财经政法大学组织出版的系列学术丛书，是学校"双一流"建设的特色项目和重要学术成果的展现。

中南财经政法大学源起于1948年以邓小平为第一书记的中共中央中原局在挺进中原、解放全中国的革命烽烟中创建的中原大学。1953年，以中原大学财经学院、政法学院为基础，荟萃中南地区多所高等院校的财经、政法系科与学术精英，成立中南财经学院和中南政法学院。之后学校历经湖北大学、湖北财经专科学校、湖北财经学院、复建中南政法学院、中南财经大学的发展时期。2000年5月26日，同根同源的中南财经大学与中南政法学院合并组建"中南财经政法大学"，成为一所财经、政法"强强联合"的人文社科类高校。2005年，学校入选国家"211工程"重点建设高校；2011年，学校入选国家"985工程优势学科创新平台"项目重点建设高校；2017年，学校入选世界一流大学和一流学科（简称"双一流"）建设高校。70年来，中南财经政法大学与新中国同呼吸、共命运，奋勇投身于中华民族从自强独立走向民主富强的复兴征程，参与缔造了新中国高等财经、政法教育从创立到繁荣的学科历史。

"板凳要坐十年冷，文章不写一句空"，作为一所传承红色基因的人文社科大学，中南财经政法大学将范文澜和潘梓年等前贤们坚守的马克思主义革命学风和严谨务实的学术品格内化为学术文化基因。学校继承优良学术传统，深入推进师德师风建设，改革完善人才引育机制，营造风清气正的学术氛围，为人才辈出提供良好的学术环境。入选"双一流"建设高校，是党和国家对学校70年办学历史、办学成就和办学特色的充分认可。"中南大"人不忘初心，牢记使命，以立德树人为根本，以"中国特色、世界一流"为核心，坚持内涵发展，"双一流"建设取得显著进步：学科体系不断健全，人才体系初步成型，师资队伍不断壮大，研究水平和创新能力不断提高，现代大学治理体系不断完善，国际交流合作优化升级，综合实力和核心竞争力显著提升，为在2048年建校百年时，实现主干学科跻身世界一流学科行列的发展愿景打下了坚实根基。

"当代中国正经历着我国历史上最为广泛而深刻的社会变革，也正在进行着人类历史上最为宏大而独特的实践创新"，"这是一个需要理论而且一定能够产生理论的时代，这是一个需要思想而且一定能够产生思想的时代"[①]。坚持和发展中国特色社会主义，统筹推进"五位一体"总体布局和协调推进"四个全面"战略布局，实现"两个一百年"奋斗目标、实现中华民族伟大复兴的中国梦，需要构建中国特色哲学社会科学体系。市场经济就是法治经济，法学和经济学是哲学社会科学的重要支撑学科，是新时代构建中国特色哲学社会科学体系的着力点、着重点。法学与经济学交叉融合成为哲学社会科学创新发展的重要动力，也为塑造中国学术自主性提供了重大机遇。学校坚持财经政法融通的办学定位和学科学术发展战略，"双一流"建设以来，以"法与经济学科群"为引领，以构建中国特色法学和经济学学科、学术、话语体系为己任，立足新时代中国特色社会主义伟大实践，发掘中国传统经济思想、法律文化智慧，提炼中国经济发展与法治实践经验，推动马克思主义法学和经济学中国化、现代化、国际化，产出了一批高质量的研究成果，"中南财经政法大学'双一流'建设文库"即为其中部分学术成果的展现。

文库首批遴选、出版二百余册专著，以区域发展、长江经济带、"一带一路"、创新治理、中国经济发展、贸易冲突、全球治理、数字经济、文化传承、生态文明等十个主题系列呈现，通过问题导向、概念共享，探寻中华文明生生不息的内在复杂性与合理性，阐释新时代中国经济、法治成就与自信，展望人类命运共同体构建过程中所呈现的新生态体系，为解决全球经济、法治问题提供创新性思路和方案，进一步促进财经政法融合发展、范式更新。本文库的著者有德高望重的学科开拓者、奠基人，有风华正茂的学术带头人和领军人物，亦有崭露头角的青年一代，老中青学者秉持家国情怀，述学立论、建言献策，彰显"中南大"经世济民的学术底蕴和薪火相传的人才体系。放眼未来、走向世界，我们以习近平新时代中国特色社会主义思想为指导，砥砺前行，凝心聚

---

① 习近平：《在哲学社会科学工作座谈会上的讲话》，2016年5月17日。

力推进"双一流"加快建设、特色建设、高质量建设,开创"中南学派",以中国理论、中国实践引领法学和经济学研究的国际前沿,为世界经济发展、法治建设做出卓越贡献。为此,我们将积极回应社会发展出现的新问题、新趋势,不断推出新的主题系列,以增强文库的开放性和丰富性。

"中南财经政法大学'双一流'建设文库"的出版工作是一个系统工程,它的推进得到相关学院和出版单位的鼎力支持,学者们精益求精、数易其稿,付出极大辛劳。在此,我们向所有作者以及参与编纂工作的同志们致以诚挚的谢意!

因时间所囿,不妥之处还恳请广大读者和同行包涵、指正!

中南财经政法大学校长

前　言

改革开放以来，中国经济创造了奇迹，GDP 从 1978 年的 3679 亿元，增加至 2018 年的 900309 亿元，总量在世界排名第二。中国的税收结构一直在变化，所得税占比一直在增加。即便如此，流转税仍是我国的主体税种，所得税处于相对次要地位，我国个人所得税占税收收入比重一直低于 10%，比重远低于其他国家，我国的经济奇迹并未在个人所得税收入上得到充分体现。从某种意义上说，存在一个中国经济增长的"个税之谜"。

本书以个人所得税为研究对象，致力于从理论和实证、经济和政治的角度对中国的"个税之谜"做出解释。

第 1 章介绍本书的研究背景、研究意义，从五个不同的角度系统地梳理了目前国内外对个人所得税变化路径、税收潜力等方面的相关研究，并作出了述评。结合现有的研究，提出了本书的研究方法和研究思路，并对书中涉及的数据进行了介绍。最后，介绍了本书研究的创新之处，并提出了之后进一步研究的方向。

第 2 章对中国个人所得税的历史沿革进行了梳理，并总结出了中国税制结构的五个典型特征：个税占税收收入的比重先上升后下降；个税占税收收入的比重低于其他国家，不仅低于经济总量与中国相当的大部分发达国家，也低于人均经济总量与中国相当的发展中国家；工薪所得税占税收收入的比重不断上升；中国总的税收收入更多地依赖流转税；中国个人所得税的法定税率并不低。本章明确了中国个人所得税变化的现实路径。

第 3 章借鉴经典的最优所得税模型，首先对理论模型进行了简要介绍，并分析了理论模型的结果成立的前提，其次分别从中国的税收决策过程、经济增长背后的收入分配、征税动力、个人所得税在中国公共服务融资中的地位，以及中国的逃避税问题五个角度，研究了中国的现实与基准理论模型的偏离。具体来说，虽然基准理论模型的结果表明，随着经济的增长，选民的扩张，政府规模也会随之扩大。但是，由于中国特殊的税收决策过程，再分配政策的"失灵"，优先发展工业的战略，对土地资源、债务、流转税等的依赖，以及大量的逃避税规模，导致中国的现实与基准理论模型之间存在较大偏离。

税收规模的决定性因素是税基，在接下来的第4～第5章中，本书从窄税基"劳动收入"和宽税基"中国经济结构"的角度，对中国个人所得税的变化进行了实证检验。另外，对于一个国家而言，税基并不能自动转化为国家的税收收入，需要一定的制度投资和有效的政府效率，因此，从经济角度分析了中国个人所得税的变化路径之后，本书继续从政治制度的角度对中国的个人所得税变化路径作出解释，书中体现为第6章和第7章的内容。

第4章的研究表明，劳动收入占国民收入比重下降，居民收入增长滞后于经济增长，是我国个税占比较低的重要原因。研究表明，中国的劳动收入占比与经济增长之间呈U型关系，个税占比与经济增长之间，亦呈U型关系。当人均GDP超过67161.02元时，经济增长对个税占比具有正向促进作用。若以中国人均GDP年均增长率为7%计算，从2020年开始，经济增长的成果会开始在个人所得税上得到体现。

第5章的研究表明，中国经济增长中大量的非正规经济是中国个税占比较低的又一重要原因。从非正规就业来看，中国的非正规就业人数从1995年的39912万人增加至2014年的59258万人。1995年，中国非正规经济规模为21344.94亿元，占当年GDP的比重为34.92%，到2014年，中国非正规经济规模为333853.65亿元，占当年GDP的比重为52.48%。1995～2014年，中国非正规经济规模年均增长率为15.88%。

第6章的研究表明，导致中国个税占比较低的又一原因是中国税务部门的税收努力程度较低。国际比较表明，中国虽然财政能力投资较高，但是税收努力程度较低。值得注意的是，虽然税务部门努力程度较低，但是，增加税收努力程度，可能会存在一定的"副作用"，部分地区，尤其是西部地区，增加税收努力程度虽然会带来当年个税占比的增加，但有可能是"寅吃卯粮"的结果，并不能带来长期的税收结构的转变。

第7章的研究表明，中国对其他流转税和非税收入的依赖，并没有减少地方政府征收个人所得税的激励，这可能与地方政府财源不足有关。对企业所得税的征收则在一定程度上减少了征收个人所得税的激励。企业所得税占税收收入比重每增加1个百分点，个人所得税占税收收入比重会下降0.013个百分点。

第8章总结全文，概括了本书的主要研究结论，并提出了对应的政策建议。

目　录

第1章　引言	**1**
1.1　背景分析	1
1.2　研究意义	3
1.3　文献综述	5
1.4　研究方法、数据和思路	17
1.5　创新点与不足	20
第2章　中国的个税占比：历史沿革及现状分析	**22**
2.1　个人所得税的历史沿革	22
2.2　中国税制结构的典型特征	30
2.3　本章小结	36
第3章　中国个人所得税收入之谜：理论解析	**38**
3.1　一个基准模型	38
3.2　与基准模型的偏离：中国国情	42
3.3　本章小结	56
第4章　个税占比与中国经济增长：从劳动收入变化角度的考察	**58**
4.1　中国经济增长的典型事实：居民收入增长滞后于经济增长	58
4.2　中国个税占比与经济增长：实证检验	62
4.3　本章小结	76

第 5 章　个税占比与中国经济结构：从非正规经济角度的考察　**78**
　　5.1　中国的非正规经济规模　78
　　5.2　非正规经济规模与个税占比：实证检验　84
　　5.3　本章小结　94

第 6 章　个税占比与政府税收能力：从政府有效性角度的考察　**95**
　　6.1　中国的财政能力投资　96
　　6.2　中国税务部门的税收努力程度：国际比较　100
　　6.3　中国税务部门的税收努力程度：省际差异　105
　　6.4　税收努力程度对个人所得税税收规模的影响：实证检验　109
　　6.5　本章小结　119

第 7 章　个税占比与政府征税激励　**121**
　　7.1　个人所得税与工资水平的变化：免征额调整的影响　121
　　7.2　对流转税及其他非税收入的依赖是否降低了征收个人所得税的激励　126
　　7.3　本章小结　131

第 8 章　主要结论与政策启示　**132**
　　8.1　研究结论　132
　　8.2　政策启示　134

附录　**136**
　　附录1：历年个人所得税分项目收入　136
　　附录2：税收努力程度的国际比较　138
　　附录3：税收努力程度的省际差异　142
　　附录4：几种税收收入能力测算的方法介绍　145

参考文献　149

第1章 引 言

1799年，英国开创了现代意义上的个人所得税。历经两个多世纪的发展和完善，个人所得税已经成为现代政府组织财政收入、调节社会收入分配、稳定经济运行的基本手段之一，并成为大多数发达国家的主体税种，在发展中国家的地位也日益重要。个人所得税是我国最重要的税种之一。一直以来，个人所得税税制改革由于其牵涉面广、影响较大，一直都备受瞩目。税收收入作为税种发挥职能的结果，也是税种职能发挥的前提。理解一个国家个人所得税的发展演变路径，是未来进行个人所得税收入预测和税制改革的重要依据。

1.1 背景分析

世界上最早开征个人所得税的是英国。英国开征个人所得税的目的最初是为了筹措对法战争的费用。英国的个人所得税于1798年创设，次年开征，主要是向高收入者征收。1802年，战争结束，个人所得税停征，后又因英法战争而复征，直到1842年再次开征。最初，个人所得税的开征仅仅是为了增加政府的财政收入，后来各国政府发现，通过征收个人所得税，可以对社会各阶层之间的收入水平进行调节，缩小国民收入差距。此后，世界各国相继开征了个人所得税，个人所得税由一个临时性税种发展成为固定的税种，并逐渐在世界各国得到广泛的推广和发展，成为许多国家税制结构中的一个主要税种。

个人所得税历经了200多年的发展与变革，其在调控经济、筹集财政、公平分配等方面发挥着举足轻重的作用，尤其是在大部分发达国家，个人所得税已经被确立为主体税种，并成为国家税制中最为重要的税种之一。2017年，日本个人所得税占税收收入比重为30.83%，美国为34.46%，英国为26.17。世界各国适应经济环境变化，积极对个人所得税税制做出调整。每年平均有45%的国家在法定税率或者税率档次方面修改了至少一个相关要素①，个人所得税税率、费用扣除标准和税收结构一直在不断变化。

与其他税种相比较，个人所得税的征收历史较短，而在中国征收的历史更短。1950年1月30日，《全国税政实施要则》公布，作为全国税政税务的具体方案，此方案规定了14种税收，其中对个人征收的"薪给报酬所得税、存款利息所得税"是中华人民共和国个人所得税的雏形，但由于当时收入水平低，实际并未真正开征。改革开放后，为适应对外开放、维护国家权益，1980年9月10日，第五届全国人民代表大会第三次会议审议通过了《中华人民共和国个人所得税法》，这是我国第一部统一适用于中国公民和在我国取得收入的外籍人员的个人所得税法；同年12月14日，经国务院批准，财政部公布《个人所得税法实施细则》，中国的个人所得税制度至此建立；1986年，针对国内居民开征了城乡个体工商户所得税、个人收入调节税等，形成内外有别的两套个人所得税制度；1993年10月31日，第八届全国人民代表大会常务委员会第四次会议《关于修改〈中华人民共和国个人所得税法〉的决定》，对1980年的《个人所得税法》进行了第一次修正，1994年的税制改革最终形成了内外统一的制度，之后，于1999年8月、2005年10月、2007年6月和2007年12月、2011年9月、2018年10月，经过对个人所得税法及实施条例的几次修订，我国的个人所得税制度逐步完善。

2013年2月3日，国务院批转了《关于深化收入分配制度改革的若干意见》，提出加大税收调节力度，改革个人所得税，完善财产税，推进结构性减税，减轻中低收入者和小型微型企业税费负担，形成有利于结构优化、社会公平的税收制度。党的十八届三中全会通过的《中共中央关于全面深化改革若干重大问题的决定》提出，深化税收制度改革，完善地方税体系，逐步提高直接税比重。2014年6月30日，中央政治局通过了《深化财税体制改革总体方案》，新一轮税制改革重点锁定六大税种，包括增值税、消费税、资源税、环境保护税、房地产税、个人所得税。随着"营改增"逐步完成，消费税、资源税改革进入改革深水区，环境税、房地产税和个人所得税改革逐渐成为改革的重点。作为牵涉面最广的个人所得税，受到了前所未有的关注。高培勇（2014）指出，

---

① 张文春、贾茹：《全球个人所得税制趋向低税率和简单化》，《中国税务报》2011年6月8日第7版。

直接税是中国当前税制的"软肋",下一步改革在稳定既有税负水平的条件下,要逐步降低来自间接税的税收收入比重,同时增加来自直接税的税收收入比重。刘克崮(2018)也指出,与发达国家相比,中国直接税比重偏低,当前中国税制改革的一大方向是逐步提高直接税比重。

改革开放以来,中国经济创造了奇迹,GDP 从 1978 年的 3679 亿元增加至 2018 年的 900309 亿元,总量在世界排名第二,税收结构也一直在变化。1994 年,流转税占税收收入比重为 72.9%,到 2018 年,流转税比重下降为 58.75%,所得税占比则一直在增加。即便如此,我国个人所得税占税收收入比重一直低于 10%,比重远低于发达国家。流转税仍是我国的主体税种,所得税处于相对次要地位(吴俊培、张帆,2014)[①]。也就是说,我国的经济奇迹并未在个人所得税收入上得到充分体现。2018 年,我国个人所得税为 13872 亿元,占 GDP 的比重为 1.54%,远低于发达国家。虽不能简单地将我国个人所得税占 GDP 的比重和发达国家进行比较,但是,仅从简单的数据来看,从某种意义上说,可能存在一个中国经济增长的"个税之谜"。

1.2 研究意义

改革开放以来,我国居民收入逐步提升,为个人所得税的开征奠定了税源基础。与此同时,贫富差距也在逐步拉开。个人所得税在我国算一个年轻的税种,但其发展之快、争议之大,群众关注度之高,位列各税种之首。对于个人所得税免征额、税率、征收模式的选择,各界争议较大。这里映射着人们关于个人所得税功能定位、经济效应和作用条件的种种反思。所以说,研究个人所得税的增长问题,对于理解我国个人所得税的发展,影响个人所得税增长的因素,都具有重要的现实意义。

税基是征税的基础,理解我国个人所得税的发展变化路径,需要对我国的经济增长以及增长背后的收入分配问题有更深刻的理解。顾乃华(2010)的研究表明,1993~2007 年,我国整体劳动收入占比先微幅上升然后大幅下降[②]。罗

---

① 吴俊培、张帆:《对我国税收收入结构分析及改革方向探讨》,《经济问题探索》2014 年第 5 期。
② 顾乃华:《我国劳动收入占比时空特征研究:基于结构分析的视角》,《经济学家》2010 年第 12 期。

长远、张军(2009)从产业结构的角度研究表明,不同时期劳动收入占比的变化,源自当时特殊的产业结构调整,造成产业内劳动收入占比下降的因素有积极和消极之分,需区别对待①。王永进、盛丹(2010)则从技术进步的角度对劳动收入占比下降进行了解释:由于机器设备与技能劳动是互补的,技能偏向型技术进步在提高技能劳动者工资的同时,也会提高资本的收益,这就导致了劳动收入占比的下降②。李稻葵(2010)则认为,中国的二元经济结构是劳动收入占国民收入比重下降的主要原因。多年以来,农村大量剩余劳动力逐步转移到城市,在该过程中,农民工进城工资较低,大量建筑工人、餐馆服务员、保安的工资上不去,劳动者工资率不能得到提升,这就带来了劳动收入的下降。这是个基本事实。大规律是劳动收入占比在下降,大趋势是未来三五年内,这种状况将会得到逆转③。目前,工薪所得税占个人所得税的比重已经超过60%,劳动收入是个人所得税的重要税基,如何理解过去几十年劳动收入的变化,以及未来可能的走势,这种走势对个人所得税的税基会产生何种影响,需要我们进行进一步的深入研究。

理解政府在个人所得税税收增长上所发挥的作用。虽然经济增长对扩大税收网络和税基很重要,但它并不能自动转化为较高的税收,需要政府在其中发挥作用。政府的征税激励、对税务部门的投资、税务部门的努力程度等,都会影响最后的税收规模。政府征税能力是国家能力的重要方面。党的十八届三中全会历史性地把财政放在国家治理的基础和重要支柱的地位,认为科学的财税体制是优化资源配置、维护市场统一、促进社会公平、实现国家长治久安的制度保障。由此,推进国家治理体系与治理能力的现代化,要求我们重新认识财政与市场、财政与社会以及财政治理在政府治理中的职能作用(卢洪友,2015)④。个人所得税一直是我国税收征管的重点。国家税务总局党组书记、局长王军(2015)指出,建立现代税收征管体制,是深入贯彻落实党的十八大和十八届三中、四中、五中全会的重要内容,既是服务国家治理现代化的基本建设,又是顺应纳税人期盼的民心工程,更是推进税收事业科学发展的重大举措,

---

① 罗长远、张军:《经济发展中的劳动收入占比:基于中国产业数据的实证研究》,《中国社会科学》2009年第4期。
② 王永进、盛丹:《要素积累、偏向型技术进步与劳动收入占比》,《世界经济文汇》2010年第4期。
③ 李稻葵:《理性看待劳动收入占比下降》,《上海经济》2010年第7期。
④ 卢洪友:《从建立现代财政制度入手推进国家治理体系和治理能力现代化》,《地方财政研究》2014年第1期。

在我国税收事业发展史上具有里程碑意义。

税收遵从是税收收入的重要方面。在现代社会，税收遵从度的高低不仅是一个国家税收制度及其管理活动是否有效的重要判断标准之一，也是一个国家税收分配关系和谐与否的重要标志之一（王玮，2008）①。税收遵从水平的高低意味着纳税人在多大程度上遵从税收法制、履行纳税义务。离开了纳税人的遵从，设计得再好的税制也将形同虚设。因而努力确保税收遵从也就成为税收管理的根本目标。如何顺应经济与社会的发展，在不增加纳税人名义税负的情况下，通过严密税收立法，加强税收征管以防税收流失，已成为当今各国政府的共同目标（俞敏，2012）②。从税收遵从、税收流失的角度来理解我国个人所得税的发展，有助于我们更好地了解税收征管中纳税人的行为，为未来个人所得税的变化趋势提供参考。

面对我国经济面临大转型、财税体制面临大改革的背景，有必要对我国个人所得税的增长路径、影响因素进行研究。目前，我国税制改革正面临重要机遇期，深入理解我国个人所得税的增长路径，有利于为我国税制改革提供参考依据。本书选择从劳动收入变化、经济结构、政府征税能力和征税激励的角度对中国的个人所得税增长之谜进行研究。通过对这些问题的研究，有助于分析我国个人所得税税基的变化，政府征税能力的变化，有助于决策者更深入地了解我国个人所得税的变化路径，以及未来可能变化的方向，为深化财税体制改革提供决策参考。

1.3 文献综述

1.3.1 对税收增长路径的解释

产业结构、社会文化、征管效率等多方面的差异都会带来不同国家税收增长路径的差异。一个国家特定的税收增长路径，往往需要从该国特定的国情现

---

① 王玮：《纳税人权利与我国税收遵从度的提升》，《税务研究》2008 年第 4 期。
② 俞敏：《税收规避法律规制研究》，复旦大学出版社，2012，第 1 页。

实出发来进行解释。为什么有些国家能征收到那么多的税，而另一些国家的税收收入却如此低，前者有什么显著特征，后者又有什么共同的特点。在此，我们将综合这方面的研究进行评述。

Kleven 等（2009）从税收遵从的角度解释了处于不同发展程度的国家税收规模的差异。他们致力于从所得税第三方信息的角度来解释高税收遵从度。他们构造了一个简单的模型，现代企业拥有大量的雇员，需要执行大量的生产任务，故会保留精确的、完整的企业记录。因为这些记录在企业内部是流通的，若有雇员和雇主逃税，任何一个雇员都可以很轻易地将真实的记录交给政府进行告发。Kleven 等（2009）的研究表明，当企业足够大时，即使政府对逃税的惩罚很低，这种告发的威胁也会使得税收遵从度很高。进一步地，当存在外生的技术进步时，大企业逐步增加。对于处于发展初期的国家，企业规模较小，管理较为松散，逃税问题主要依赖政府监管部门的约束，故税收收入也较少。随着经济的发展，企业规模的扩张，企业内部之间告发的威胁使得税收遵从度增加，税收收入也随之增加。Kleven 等（2009）指出，当经济发展到一定程度时，企业规模可以足够大到使第三方约束完全有效，此时，政府规模（税收规模）就是社会最优的税收规模[①]。Kleven 等（2011）进一步以丹麦为例，研究了个体税收遵从的内在影响因素。根据 Kleven 等（2011）的研究，丹麦几乎所有的收入都经由第三方信息报告，总逃税率极低（占收入的 2.2%）[②]。

影响税收规模的另一个方面是支出，完善的支出能够鼓励更多的工作，从而带来更宽的税基。Rogerson（2007）和 Blomquist 等（2010）指出，高税收的国家，同时也在提供工作互补品，如更完善的儿童保健、养老保健、公共交通等，这些政策相当于为参加工作的成本提供补贴，激励了劳动供给并减少了税收扭曲[③]。另外，Bovenberg（2005），Heckman & Jacobs（2011）对教育支出的研究表明，教育支出对长期的劳动供给具有互补作用，高税收国家往往教育支

[①] Kleven H J, Kreiner C T, Saez E., Why Can Modern Governments Tax So Much? An Agency Model of Firms as Fiscal Intermediaries [J]. NBER Working Papers, 2009.

[②] Kleven, Henrik Jacobsen, Martin B. Knudsen, Claus Thustrup Kreiner, Søren Pedersen, and Emmanuel Saez, 2011, "Unwilling or Unable to Cheat? Evidence from a Tax Audit Experiment in Denmark.", Econometrica, 79 (3), 651–692.

[③] Rogerson, Richard. 2007. "Taxation and Market Work: Is Scandinavia an Outlier?" Economic Theory 32, 59–85; Blomquist, Sören, Vidar Christiansen, and Luca Micheletto. 2010, "Public Provision of Private Goods and Nondistortionary Marginal Tax Rates." American Economic Journal: Economic Policy 2, 1–27.

出巨大，也潜在地抵消了部分税收的扭曲效应①。Kleven（2014）进一步将国家分为两类：一类国家税收—转移支付扭曲较小，同时对儿童保健和老年保健的补贴也较少（比如美国以及南欧国家），另一类国家税收—转移支付扭曲较大，但同时对儿童保健和老年保健的补贴也很多（比如北欧国家），这也解释了为何北欧国家（比如丹麦）为何能征收到如此高的税收②。

一些学者试图从政治的角度来解释不同国家税收规模的差异。Husted & Kenny（1997）利用46个国家1950～1988年的面板数据，研究了选举权的扩大与税收规模的关系，发现如果对权力的竞争变得更公开，再分配性的所得税能够得到更好的执行③。Scott（1988）强调了土地确权在欧洲税收史上的重要性，保护产权的土地登记合同，以及合同的有效执行，能够扩大税基④。Besley & Persson（2014）以透明国际的腐败认知指数和国家风险指南的产权保护指数来衡量政府有效性，发现这两个指标和税收收入之间都是正相关关系。他们指出，对于现代低收入国家而言，增加更多的税收收入，并不仅仅是拥有技术专长的问题。一个软弱的政府不可能有强大的动力去构建财政能力，他们的民众也不可能很好地遵从规范，这里存在一个路径依赖，既可能产生好的均衡路径，也可能产生坏的均衡路径⑤。

还有一些学者从社会和文化的角度来理解税收规模。这种观点认为，一些国家之所以能够征收更多的税，部分原因在于诸如道德、规范与信任等内在动机或社会动机。Dwenger等（2014）以德国2008～2012年纳税人的微观数据，证明了社会激励对税收遵从的重要性⑥。Kleven（2014）在解释为什么斯堪的纳维亚国家能够征收如此多的税收时，利用"世界价值观调查"数据和慈善捐助

---

① Bovenberg, A. Lans, and Bas Jacobs. 2005. "Redistribution and Education Subsidies are Siamese Twins." Journal of Public Economics 89, 2005 - 2035.
Heckman, James J., and Bas Jacobs. 2011. "Policies to Create and Destroy Human Capital in Europe," in Edmund Phelps and Hans - Werner Sinn (eds.), Perspectives on the Performance of the Continent's Economies, Cambridge, MA: MIT Press.
② Kleven H J. How Can Scandinavians Tax So Much? [J]. Journal of Economic Perspectives, 2014, 28 (4): 77 - 98.
③ Husted, Thomas A., and Lawrence W. Kenny, 1997, "The Effect of the Expansion of the Voting Franchise on the Size of Government." Journal of Political Economy 105 (1): 54 - 81.
④ Scott, James C. 1998. Seeing Like a State: How Certain Schemes to Improve the Human Condition Have Failed. Yale University Press.
⑤ Besley T, Persson T. Why Do Developing Countries Tax So Little? [J]. Journal of Economic Perspectives, 2014, 28 (28): 99 - 120.
⑥ Dwenger, Nadja, Henrik Jacobsen Kleven, Imran Rasul, and Johannes Rincke, 2014. "Extrinsic and Intrinsic Motivations for Tax Compliance: Evidence from a Field Experiment in Germany." LSE Working Paper, May 2014.

基金会的数据，研究了不同国家价值观和捐赠意愿的差异，发现这些国家的社会凝聚力指标（比如社会信任度、同情弱者、公民参与率、选民投票率、谋杀率、捐赠意愿等）都很高，社会、文化态度和规范影响了纳税意愿，从而带来更高的税收遵从度[①]。Besley & Persson（2014）的研究也表明，一个国家民族构成越多，社会凝聚力越低，税收规模也越低[②]。

简要评述：对于税收增长路径，国外已有较为丰富的研究，从经济结构、转移支付的支出类型、政治角度和社会文化角度多方面进行了探讨。一些研究是基于跨国数据，研究某一类型国家的税收增长路径，也有一些研究针对特定的国家进行了探讨。但是，就本人所搜查的文献来看，尚未看到对中国税收增长路径，特别是中国个人所得税增长路径解释的文献。从数据来看，中国个人所得税税收收入的变化存在一定的特殊性，需要在已有研究的基础上，结合中国的国情，得出中国个人所得税增长路径的解释。本书尝试从经济结构和政治角度来解释中国的个人所得税增长路径，是对国内个人所得税变化路径相关研究的一个重要补充。当然，由于数据限制，目前尚未从社会文化的角度对个人所得税进行研究，但是，"人"是社会发展的根本，"人"的习惯、价值观最后都会在经济政策中得到体现，这将是未来研究的一个重要方向。

1.3.2　所得税规模与税收结构的相关研究

与商品税不同，所得税由于容易被纳税人观察，争议较大。一种观点认为，所得税对个人直接课税，有利于人际间的收入再分配，从而能够较好地实现社会公平。另一种观点认为，虽然所得税有利于实现社会公平，但同时也抑制了工作的激励，造成了社会扭曲，影响社会效率。Mirrless（1971）开创性地将公平问题与效率问题相结合，开创了最优所得税的规范研究[③]。Mirrless（1971）模型的结论是，最终所得税的最优规模，取决于社会计划者的公平目标，在给定的公平目标下，实现所得税导致的效率损失最小化。此后，相继有不同学者发

---

① Kleven H J. How Can Scandinavians Tax So Much? [J]. Journal of Economic Perspectives, 2014, 28 (4): 77-98.
② Besley T, Persson T. Why Do Developing Countries Tax So Little? [J]. Journal of Economic Perspectives, 2014, 28 (28): 99-120.
③ Mirrlees J A., An Exploration in the Theory of Optimum Income Taxation [J]. Review of Economic Studies, 1971, 38 (114): 175-208.

展了这方面的研究,并将最优线性所得税拓展至非线性所得税,比较经典的如 Seade(1977)[1]、Brito & Oakland(1977)[2]、Ebert(1992)[3]。他们的主要结论是:所得税边际税率应该在 0 和 1 之间;收入能力最低的人,边际税率应为 0;收入能力最高的人,边际税率也应为 0。

除了最优的直接税,还有大量研究分析了直接税和间接税的组合问题。在设计最优的直接税与间接税组合时,Atkinson & Stiglitz(1976)的权威观点认为,假设所有纳税人效用函数中的商品与劳动独立,商品总数相等且工资固定,在一个有着最优非线性所得税的经济中,商品税是不必要的[4]。但是,Naito(1999)的结论表明,当工资为内生时,该结论不成立,且生产效率可能不是帕累托最优的[5]。Blackorby & Brett(2004)认为,给定一个最优的非线性所得税,如果总技术集是严格凹的,生产无效率是帕累托最优的。Atkinson - Stiglitz 条件对商品零课税既不充分也不必要,商品税是几乎所有帕累托最优的组成部分[6]。

还有一些研究将政治过程引入税收决策。Romer(1975)[7]、Robert(1977)[8] 和 Meltzer & Richard(1981)[9] 研究了在中位选民投票的假设下,多数投票规则下的税收决定过程,并以此解释了发达国家的税收发展进程。本文后面的基准模型也是基于此。Ehrhart(2013)利用 56 个发展中国家 1980~2006 年的数据,研究了选举的时间安排对税收结构的影响[10]。Y Liu & H Feng(2015)则研究了税收结构以及税制的复杂程度对腐败的影响,研究的结果表明,更多依赖直接

---

[1] Seade J K. On the shape of optimal tax schedules [J]. Journal of Public Economics, 1977, 7 (2): 203 - 235.
[2] Brito D L, Oakland W H., Some Properties of the Optimal Income Tax [J]. International Economic Review, 1977, 18 (2): 407 - 23.
[3] Ebert U., A Reexamination of the Optimal Nonlinear Income Tax [J]. Journal of Public Economics, 1992, 49 (1): 47 - 73.
[4] A B Atkinson, Stiglitz J E., The Design. Of Tax Structure: Direct versus Indirect Taxation [C]. Journal of Public Economics, (July - August. 1976): 55 - 75.
[5] Naito H., Re - examination of Uniform Commodity Taxes under a Non - linear Income Tax System and its Implication for Production Efficiency [J]. Journal of Public Economics, 1999, 71 (2): 165 - 188.
[6] Blackorby C, Brett C. Production Efficiency and the Direct - Indirect Tax Mix [J]. Journal of Public Economic Theory, 2004, 6 (1): 165 - 180.
[7] Romer, Thomas., Individual Welfare, Majority Voting, and the Properties of a Linear Income Tax, Journal of Public Economics 4. 2 (1975): 163 - 185.
[8] Roberts, Kevin W. S. "Voting over income tax schedules." Journal of Public Economics, 1977, 8 (77): 329 - 340.
[9] Meltzer, Allan H., and S. F. Richard., A Rational Theory of the Size of Government, Journal of Political Economy, 1981, 5 (89): 914 - 27.
[10] Ehrhart H., Elections and the Structure of Taxation in Developing Countries [J]. Public Choice, 2013, 156 (1 - 2): 195 - 211.

税的国家比依赖间接税的国家腐败程度更低①。

国内对最优税制的研究较少，邓子基（1987）提出，在很长一段时间内，我国将建立以货物劳务税与所得税并重的税制结构作为税制改革的目标之一②。马栓友（2001）通过分析我国财政收入结构与经济增长关系，得出我国直接税绝对值和相对比率均已超过其最优数量，应适当削减直接税的结论③。

简要评述：对于中国所得税的最优规模，所得税在中国税收结构中的定位，虽然党的十八届三中全会提出要逐步提高直接税的比重，但是一个国家的税收结构、间接税占比、直接税占比，往往是由当时特定的经济增长阶段和特定的产业结构所决定的。本书研究中国个人所得税税收收入的增长变化路径，有助于我们对未来中国个人所得税的走向做出预测，从而对个人所得税在我国税收结构中的作用做出更加准确的定位。

1.3.3 税收潜力的相关研究

一些研究致力于测算各国的税收潜力。Govinda & Sarma（1989）对测算税收潜力的方法做了介绍④，Krishnaji（1989）对测算方法的适用性做进一步的解释⑤。在此基础上，不同的学者对不同国家的税收潜力进行了测算。Shetty（1972）以税负均等化为前提，测算在不同行业的税负相同的前提下，美国农业的税收潜力⑥。Aymar（1999）假设在一定的经济约束下，税收潜力是税收遵从的函数，以截面数据测算了发展中国家的税收潜力。研究表明，无论是理论分析还是实证分析，造成发展中国家税收收入不同的本质原因，在于政府限制税收侵蚀、减少税收流失的能力间的差异，而经济因素只是次要因素⑦。Alfirman（2003）用随机前沿技术，估计了印度尼西亚地方税收和财产税的税收潜力，发

---

① Liu Y, Feng H. Tax Structure and Corruption: Cross‐country Evidence [J]. Public Choice, 2015, 162 (1): 57–78.
② 邓子基：《比较财政学》，中国财政经济出版社，1987年。
③ 马栓友：《税收结构与经济增长的实证分析——兼论我国的最优直接税/间接税结构》，《经济理论与经济管理》2007年第7期。
④ Rao, M. Govinda, and J. V. M. Sarma, 1989, "Measuring Tax Potential: Some Clarifications". Economic and Political Weekly 24 (13): 698–700. http://www.jstor.org/stable/4394607.
⑤ Krishnaji, N., "Measuring Tax Potential: A Note on Ninth Finance Commission's Approach". Economic and Political Weekly 24.5 (1989): 265–267.
⑥ S. L. Shetty. "Inter‐sectoral Equity in Tax Burden: Estimates of Potential Tax Revenue from the Farm Sector". Economic and Political Weekly 7.31/33 (1972): 1602–1612.
⑦ Christine Fauvelle‐Aymar, The Political and Tax Capacity of Government in Developing Countries, Kyklos 52.3 (1999): 391–413.

现印度尼西亚地方政府没有充分利用其税收潜力,而地方税收潜力未能充分利用的原因在于征管无效率①。Sobarzo(2004)以代表性税制法对墨西哥的税收潜力分税种、分地区进行了测算②。

近几年,各国关于税收潜力测算的研究大量出现。IMF 工作论文,Grigorian & Davoodi(2007)对亚美尼亚 2000 年以来的税收潜力和税收努力进行了研究。研究发现,尽管亚美尼亚自 2000 年以来,经济增长率在两位数,但是税收占比一直在 GDP 的 14% 左右。导致亚美尼亚税收增长较慢的原因在于脆弱的政治体制和大量的地下经济。亚美尼亚税收潜力和实际税收之间的差距高达其 GDP 的 6%③。Sinelnikov – Murylevet et al.(2011)以俄罗斯 21 世纪初税制改革为背景,对俄罗斯的税收潜力进行了测算④。Feltenstein & Cyan(2012)利用可计算一般均衡模型,计算了巴基斯坦 2004~2011 年部门的税收潜力⑤。Langford & Ohlenburg(2015)利用国际税收和发展中心⑥的政府收入,采用随机前沿模型,将产业结构和教育支出当作税收潜力的投入,测算了 85 个非资源充裕型国家 27 年的税收潜力和税收努力。研究结果表明,2009 年,85 个国家平均税收努力为 62%,其中,最低的为危地马拉共和国,税收努力为 38%,最高的为瑞典,税收努力高达 90%⑦。

国内对税收潜力的研究,以税收收入能力的估算为特征。以 1994 年和 1995 年税收收入能力国际研讨会为开端,学者对该问题陆续进行了一些研究,主要的研究集中在以下几个方面。

(1)对税收收入能力的概念和建立我国税收收入能力估算体系的意义、原则和方法展开论述。国家税务总局杨元伟司长(1996)提出了税收收入能力估

---

① 李建军:《经济开放与地方财政收支研究》,西南财经大学出版社,2012,第 44 页。
② Horacio Sobarzo, TAX EFFORT AND TAX POTENTIAL OF STATE GOVERNMENTS IN MEXICO: A REPRESENTATIVE TAX SYSTEM, Working Paper # 315 – October, 2004, http://kellogg.nd.edu/publications/workingpapers/WPS/315.pdf.
③ Grigorian D A, Davoodi H R., Tax Potential vs. Tax Effort: A Cross—Country Analysis of Armenia's Stubbornly Low Tax Collection [J]. David Grigorian, 2007, 07.
④ Sinelnikov – Murylev S, Kadochnikov P, Idrisov G., Corporate Income Tax: Analysis of 2001 Reform and Modelling of Tax Potential of the Regions [J]. Research Paper, 2011.
⑤ Feltenstein A, Cyan M R. A Computational General Equilibrium Approach to Sectoral Analysis for Tax Potential: An Application to Pakistan [J]. General Information, 2012(27):57 – 70.
⑥ International Centre for Taxation and Development (ICTD) Government Revenue Dataset.
⑦ Ben Langford (International Growth Centre, Tanzania), and Tim Ohlenburg (HM Treasury, United Kingdom), Tax revenue potential and effort – an empirical investigation, International Growth Centre Working Paper, Version: 3 August 2015, http://www.theigc.org/wp – content/uploads/2015/08/Langford – Ohlenburg – 2015 – Working – paper.pdf.

算的四原则，并对我国开展工业增值税、土地税和企业所得税的税收收入能力测算做了介绍①。其他相关研究如唐战彪（1995）②，刘新利（2000）③，秦泮义（2001）④，赵峰（2002）⑤等。

（2）用间接推算法对我国个人所得税税收收入能力进行测算。崔毅（1997）根据调查数据得出1994年我国年收入在3万元以上的居民共计440万余人，推算出我国1994年个人所得税税收收入能力在100亿元左右⑥。梁朋（2000）根据中国人民大学舆论研究所一项居民家庭收入调查结果推算出我国1995年个人所得税税收收入能力在300亿元左右⑦。焦建国（2001）以储蓄存款为税基，估测出1999年我国拥有80%存款的居民的个人所得税税收收入能力在896亿元左右（代表性税率按20%计算）⑧。梁季（2007）通过计算我国按收入等级分城镇就业人口的人均年收入，得到我国2005年城镇居民工资、薪金所得的税收收入能力为1371.6亿元⑨。

（3）用微观模拟法对我国税收收入能力进行测算。封建强（2000）提出了职工工资收入分布函数随机模拟与估计方法⑩。刘黎明、刘玲玲（2005）在封建强（2000）的基础上，将该模拟方法引入个人所得税税收收入能力的测算。刘黎明、刘玲玲（2005）利用《中国统计年鉴》城镇居民家庭人均收入抽样调查数据，得出样本数据2004年的个人所得税税收收入能力为3704.5万元，而该样本同年实际缴纳个人所得税906.3万元，样本税收流失2798.2万元⑪。李国锋（2009）利用《中国统计年鉴》细分行业数据，提出一系列假设条件，利用计算机模拟出我国职工工薪收入，最后算得2006年中国职工工资薪金所得税收入能力为1398.37亿元，并得到2006年中国工资薪金所得税的征收率为92%⑫。

简要评述：一种税收的税收潜力，不仅包含绝对税收潜力，即未来该税种

---

① 杨元伟：《关于税收收入能力的估算体系（上）》，《中国税务》1996年第10期；杨元伟：《关于税收收入能力的估算体系（下）》，《中国税务》1996年第11期。
② 唐战彪：《浅谈我国税收收入能力估算》，《财金贸易》1995年第8期。
③ 刘新利：《税收分析概论》，中国税务出版社，2000；刘新利：《宏观经济均衡中的税收负担和税收收入决定因素》，《税务研究》，2000年第2期。
④ 秦泮义：《中国税源管理研究》，中国人民大学财金学院博士论文，2001。
⑤ 赵峰：《市场经济下税源和税负的价值内涵》，《涉外税务》2002年第9期。
⑥ 崔毅：《关于我国个人所得税问题的思考》，《财政研究》1997年第10期。
⑦ 梁朋：《税收流失经济分析》，中国人民大学出版社，2000。
⑧ 焦建国：《个人所得税潜力分析》，《税务研究》2001年第2期。
⑨ 梁季：《中国税收收入能力估测及其应用研究》，经济科学出版社，2007。
⑩ 封建强：《我国职工工资收入分布函数的模拟与估计》，《预测》2000年第5期。
⑪ 刘黎明、刘玲玲：《我国个人所得税流失的规模测算》，《财政研究》2005年第4期。
⑫ 李国锋：《税收收入能力测算模型、方法及实证研究》，首都经济贸易大学博士学位论文，2009。

能征收的税收收入的绝对值,还指该税种的相对税收潜力,即该税种税收收入占总税收收入的比重。目前,国内外对税收潜力的研究,主要集中在绝对税收潜力,对相对税收潜力的研究较少;除此之外,国内对税收收入潜力的研究,基本都是集中在用各种数据、各种方法静态测算税收收入能力,鲜有联系影响个人所得税税收收入因素的动态研究。本书一方面关注相对税收潜力,另一方面借助历史税收数据,对影响个人所得税税收收入的因素进行研究,从动态的角度对中国个人所得税税收收入的变化作出了解释。

1.3.4 经济发展水平与税收规模研究

对经济发展水平与税收规模关系的研究已有半个多世纪的历史。第一篇研究税收规模和经济发展水平的论文是 Williamson（1961）[1],他用了 33 个国家（发达国家和发展中国家）的数据,用一国的人均收入水平来衡量经济发展水平,通过研究,得出人均收入和税收规模占国民收入的比重存在稳定的正向比例关系。

20 世纪 60 年代,对税收规模和经济发展水平关系的研究比较丰富,主要区别在于不同的研究采用的样本不同,少的用了 32 个国家数据（Thorn,1967）[2],多的有 72 个国家的跨国数据（Lotz & Morss,1969）[3]。后期的研究开始区分发达国家和发展中国家进行研究（Hinrichs,1965[4];Shin,1969[5]）,或者解释变量的多少和侧重。后期研究逐渐增加了解释变量,如 Plasschaert（1962）[6] 加入了一国的开放程度（代表可税贸易潜力）,Thorn（1967）[7] 引入了文化因素（是否属于前英属殖民地国家）和制度因素（政府分权程度）,Weiss（1969）[8] 引入了

---

[1] Williamson J. G., Public Expenditure and Revenue: An International Comparison [J]. Manchester School, 1961 (January): 43-56.
[2] Thorn R S. The Evolution of Public Finances During Economic Development [J]. The Manchester School of Economic and Social Studies, 1967, XXXV: 19-53。
[3] Lotz J R, Morss E R. "Tax Effort" in Developing Countries [J]. Finance and Development. 1969 (6): 36-39。
[4] Hinrichs H H., Determinants of Government Revenue Shares Among Less - Developed Countries [J]. The Economic Journal, 1965, 75 (299): 546-556。
[5] Shin Kilman, International Difference in Tax Ratio, The Review of Economics and Statistics, 1969 (Vol. Li): 213-220。
[6][7] Plasschaert Sylvain, Taxable Capacity in Developing Countries, International Bank for Reconstruction and Development, Report Number EC. -103, 1962.
[8] Weiss Stephen J., Factors Affecting the Government Revenue Share in Less Developed Countries, University of West Indies, Social and Economic Studies, 1969 (18): 348-64.

人口结构因素（城镇化水平、文盲率、农业部门就业人数等）。

Plasschaert（1962）发现，税收规模与经济发展水平之间并无显著关系，而是与可税贸易潜力呈正相关关系。Hinrichs（1965）发现，对于发达国家，税收规模与经济发展水平之间是正向关系，但是对于不发达国家，进出口是一个决定税收规模的更重要因素。Lotz & Morss（1969）得出的结果刚好相反，他们以高收入国家为样本，发现税收规模与经济发展水平之间并无显著关系，但是在低收入国家，结果变得显著。

国内也有一些学者对经济发展水平和税收规模之间的关系进行了研究。梁季（2007）[1]以经济发展水平、对外开放度和产业结构为解释变量，估算了我国1996~2005年分省的税收潜力。黄夏岚等（2012）[2]利用1996~2009年的省级面板数据，测算了中国的地区税收能力。

简要评述：整体来说，已有的研究对于税收规模与经济发展水平的研究，并未得出一个统一的结论。可能的原因是税收规模与经济增长水平之间的关系，取决于各国具体的产业结构、金融市场、政府规模、对外贸易结构等因素，需要对不同的国家进行进一步的细致研究。国内研究的重点主要在于研究经济发展水平等因素与税收潜力之间的关系，单独对某一税种的研究还比较少。本书从个人所得税的重要税基劳动收入出发，尝试从劳动收入的角度对个人所得税做出解释，可谓是该领域的一个补充。

1.3.5　非正规经济的相关研究

目前国外对非正规经济的研究，主要集中于探讨非正规经济的形成机制以及对长期经济发展的影响。对非正规经济的看法主要形成了三种观点：一是以De Soto 为代表的"浪漫主义"观点，De Soto（1989，2000）[3]指出，很多非正规企业实际上是具有较强生产力的，是一国经济增长的潜在动力，之所以还是非正规的，只是由于政府税收或管制的限制，以及政府对产权保护的缺失，才

---

[1] 梁季：《中国税收收入能力估测及其应用研究》，经济科学出版社，2007。
[2] 黄夏岚、胡祖铨、刘怡：《税收能力、税收努力与地区税负差异》，《经济科学》2012年第4期。
[3] De Soto, Hernando. 1989. The Other Path: The Invisible Revolution in the Third Worlds. New York: Harper and Row Publishers.
De Soto, Hernando. 2000. The Mystery of Capital. Why Capitalism Triumphs in the West and Fails Everywhere Else. New York: Basic Books.

会融资受限，发展受限。如果政府能够降低行业进入壁垒，给这些企业更多的融资机会，帮助其顺利注册、借贷，享有正规企业相同的待遇，非正规企业产值就会上升，从而能够推动经济增长。这一观点的关键在于：非正规企业的生产率与正规企业接近或类似，只是因为政策或制度原因才会发展受阻，非正规经济是一国的"未开发水库"。

另一种观点与 De Soto 的观点截然相反。Farrell（2004）[①] 和 Levy（2008）[②] 认为，非正规经济是一国经济的"寄生虫"。非正规企业主要是通过避税、逃避监管获得了相对优势。正规经济与非正规经济有着截然不同的特点。在正规经济里，企业的所有者按照规定缴纳税收，同时受到政府监管的约束，以此换得企业的良好声誉，吸引更多的消费者，能够到金融机构进行融资，享受更好的公共服务。正规经济的从业人员受教育程度较高，对于这种企业，大规模比小规模更有利润。而在非正规经济里，从业人员受教育程度较低，生产率低，规模小，资本投入少，产品质量低廉，较少有价值增值，主要面对的消费群体是低收入人群。这种观点认为，非正规企业通过逃税、减少员工福利等措施来降低成本，导致其挤占了正规企业的市场份额，影响了正规经济的发展，因此，一国的非正规经济对经济增长有害。

第三种观点较为折中。Lewis（1954）[③]，Harris – Todaro（1970）[④] 以及 Rauch（1991）[⑤] 均认为，非正规经济只是贫穷的副产品，随着一国经济发展水平的提高，非正规经济会自然消失。Rosenstein – Rodan（1943）[⑥]，Rostow（1960）[⑦]，Murphy Shleifer & Vishny（1989）[⑧] 的研究均表明，在经济发展初期，在一国经济从前工业经济向工业经济转型的时期，不可避免地会出现这种非正规经济。但是，与第二种观点不同，这种"二元经济"的观点认为，对于相同

---

① Farrell, Diana. 2004. The Hidden Dangers of the Informal Economy. McKinsey Quarterly 3: 27 – 37.
② Levy, Santiago. 2008. Good Intentions, Bad Outcomes: Social Policy, Informality, and Economic Growth In Mexico, Brookings Institution.
③ Lewis, W. Arthur, 1954, Economic Development with Unlimited Supplies of Labor, Manchester School, 22: 139 – 191.
④ Harris, J. and Michael Todaro, 1970, Migration, Unemployment, and Development: A Two Sector Analysis, American Economic Review 40: 126 – 142.
⑤ Rauch, James. 1991. Modeling the Informal Sector Formally. Journal of Development Economics, 35 (1): 33 – 47.
⑥ Rosenstein – Rodan, Paul. 1943. "Problems of Industrialization of Eastern and South – eastern Europe." Economic Journal 53, September – October: 202 – 211.
⑦ Rostow, Walt. 1960. Stages of Economic Growth. Cambridge, UK: Cambridge Univ. Press.
⑧ Murphy, Kevin, Andrei Shleifer, and Robert Vishny, 1989, Industrialization and the Big Push, Journal of Political Economy, 97 (5): 1003 – 1026.

的产品，非正规经济无法以比正规经济更低的价格向市场提供，只能提供质量更低的替代品。正如 Tokman（1992）[①] 所说，"非正规企业以其低廉的价格，为数以亿计的底层人民提供了生活所需"。非正规经济和正规经济处于相对分割的两个市场，两者面对的消费群体不同，因此不会对正规经济构成太大的威胁。后期很多实证研究都证明了这一观点，如 Russo（2008）[②]，La Porta & Shleifer（2014）[③]。

国内对非正规经济的研究，主要重点在于研究我国非正规经济的起源和非正规经济规模的测算，近几年，一些学者开始关注非正规经济的影响。黄宗智（2009，2010）[④] 指出，中国的地方政府在"招商引资"的竞争下，通过提供低于成本的土地和基础设施，加上一系列的税收优惠措施、各种显性或隐性的补贴，同时绕过劳动和环保法律，为外来企业提供支持，这种非正规实践，伴之而来的大规模的非正规经济，构成了中国 GDP 惊人的增长动力。黄宗智的这一观点，和国外研究者的"二元经济"观点较为接近。按照黄宗智的测算，2008年，中国非正规经济就业人员的总数高达 6.5 亿人，占全国经济就业人员的 84%。胡鞍钢、赵黎（2006）[⑤] 年的测算则表明，城镇非正规部门产出的高增长对中国新增 GDP 增长的贡献率在 1990 ~ 2004 年期间为 44%。一些其他学者也用各种方法对中国的非正规经济规模进行了测算（周国富，1999[⑥]；刘洪、夏帆，2003[⑦]）。除此之外，刘洪、平卫英（2004）[⑧] 尝试研究了非正规经济对税收收入的影响，研究表明，我国非正规经济规模导致的税收流失额伴随着国内生产总值的增加而逐年增长，在 2001 年高达 2600 亿元，其占税收实际征收额的比例为 17% 左右。

简要评述：可以看出，目前国外对非正规经济的研究比较丰富，主要研究的重点在于非正规经济对经济增长的影响。近些年，对于非正规经济对一国经济增长的影响已经形成共识，且有很多国家或者国际组织都开展了非正规经济

[①] Tokman, Victor. 1992. Beyond Regulation: The Informal Sector in Latin America. Bolder: Lynne Rienner Publishers.
[②] Russo, Francesco. 2008. "The Cost of the Legal System and the Hidden Economy." Mimeo, Boston University.
[③] 同②。
[④] 黄宗智：《中国被忽视的非正规经济：现实与理论》，《开放时代》2009 年第 2 期。
黄宗智：《中国发展经验的理论与实用含义——非正规经济实践》，《开放时代》2010 年第 10 期。
[⑤] 胡鞍钢、赵黎：《我国转型期非正规就业与非正规经济，1990 – 2004》，《清华大学学报（哲学社会科学版）》2006 年第 21 卷第 3 期。
[⑥] 周国富：《国外测算非正规经济的各种方法及其观点综述》，《统计研究》1999 年第 4 期。
[⑦] 刘洪、夏帆：《我国非正规经济规模的定量估测》，《统计研究》2003 年第 10 期。
[⑧] 刘洪、平卫英：《我国非正规经济对税收收入影响的实证分析》，《数量经济技术经济研究》2004 年第 2 期。

的测算①。以黄宗智为代表的国内学者对于中国的非正规经济进行了较多探讨，但是对于非正规经济的测算，目前最新的研究也仅追溯至胡鞍钢和赵黎（2006）②的研究，近几年对此的研究较少。本书在已有研究的基础上，对中国的非正规经济规模进行了测算。除此之外，非正规经济对税收收入的影响，目前国内外还鲜有研究。本书研究非正规经济对个税收入占比的影响，也可算是该领域的一个重要尝试。

1.4 研究方法、数据和思路

1.4.1 研究方法

本书使用理论研究与实证研究相结合、规范演绎与定量考察相统一的分析方法。首先，建立税收规模变化的基准理论模型，结合中国现实，研究中国国情与基准模型的偏离。其次，分别从经济结构、税收能力投资、征税努力和征税激励的角度对中国的情况进行实证分析，进而解释中国个人所得税的增长路径，以及影响中国个人所得税增长路径的因素。

在实证研究中，本书主要采用了以下三种方法。

（1）描述性统计分析法。比如，在第3章，在基准理论模型的基础上，分析了中国的现实与基准模型之间的偏离。对于中国经济增长背后的收入分配问题、再分配的征税动力问题、中国地方政府的融资，以及对逃避税规模的描述，均采取描述性统计分析方法进行研究。

（2）多元回归分析法。第4章以多元回归分析的方法，研究了中国的劳动收入占比、经济增长与个税占比之间的关系，并结合邹至庄检验，研究中国的个税占比是否存在结构突变。第5章，在研究中国的经济结构与个人所得税增

---

① 在英国国际发展组织（Department for International Development）和北美防空联合司令部（NORAD, North American Aerospace Defense Command）的资助下，2010年11月15日，成立了国际税收和发展中心（International Centre for Tax and Development），其中的一个部门就是非正规部门的征税（Informal Sector Tax），以促进税收公平，保护税基，鼓励正式的经济实践。
② 胡鞍钢、赵黎：《我国转型期非正规就业与非正规经济，1990－2004》，《清华大学学报（哲学社会科学版）》2006年第21卷第3期。

长之间的关系时，运用多元回归分析方法，以非正规经济就业人数占比衡量中国的非正规经济，对非正规经济与个人所得税税收规模之间的关系进行了量化分析。在第6章和第7章，以多元回归分析方法，研究了个税占比与政府征税能力和征税激励之间的关系。

（3）代表性税制法。第6章将中国税务部门的税收努力程度进行了国际比较和省际分解。为保证方法的一致性，本书选择了同时适合跨国数据和省际数据的代表性税制法进行分析。代表性税制法通过将特定国家的税收与样本"平均税率"的税收相比较，得出不同地区税收努力程度的相对高低，符合本书的研究要求。

1.4.2　数据来源

本书主要使用了如下数据进行分析。

第2章和第4章的数据主要来自：已有研究成果的相关数据、EPS统计平台世界宏观经济数据库、中国宏观经济数据库、中国财政税收数据库；中经网统计数据库；历年《中国统计年鉴》；中国人民银行官方网站数据。

第3章主要侧重理论分析，除此之外，还利用宏观数据对中国的现实进行了说明。主要的数据来源包括：已有研究成果的相关数据、主流网站如人民网数据、《中国统计年鉴》数据、EPS数据平台中国宏观经济数据库、国家统计局数据中心相关数据、CEIC数据库、中经网统计数据库。

第5章的数据主要来自：EPS数据平台世界经济发展数据库、EPS数据统计平台中国宏观经济数据库、《中国区域经济年鉴》。我们也沿用多数研究的做法，按照社会发展水平将全国分为东部、中部和西部地区来衡量地区之间的差异。在本文的实证分析中，东部地区指北京、天津、河北、辽宁、上海、江苏、浙江、福建、山东、广东、海南11个省（直辖市），中部地区指黑龙江、吉林、山西、安徽、江西、河南、湖北、湖南8个省，西部地区包括内蒙古、广西、重庆、四川、贵州、云南、西藏、陕西、甘肃、青海、宁夏、新疆12个省（自治区、直辖市）。

第6章的数据主要来自《中国税务年鉴》、国家统计局数据中心、美国劳工部网站、CEIC、IMF网站和《中国区域统计年鉴》；第7章的数据主要来自国家统计局网站数据中心和《中国地市县财政统计资料》。

1.4.3 研究思路

本书主要的研究目的在于对中国个人所得税的增长路径进行解释,具体的研究思路如下。

第一,通过对基准模型的分析,讨论中国的现实与基准模型之间的偏离。本书主要分析了中国的国情与基准模型之间的五种偏离情况:中国的税收制定过程,中国经济增长背后的收入分配、劳动收入占比的变化,中国经济增长过程中的征税动力、再分配目的在中国税收征收中的重要性,个人所得税在中国公共服务融资中所发挥的作用以及逃避税问题。

第二,分别从经济因素和政治因素的角度对中国的现实进行检验。经济因素包括:中国经济增长中劳动收入占比的变化以及非正规经济在中国经济增长过程中所发挥的作用;政治因素包括中国政府的征税激励和征税能力。

全书研究思路的框架,如图1.1所示。

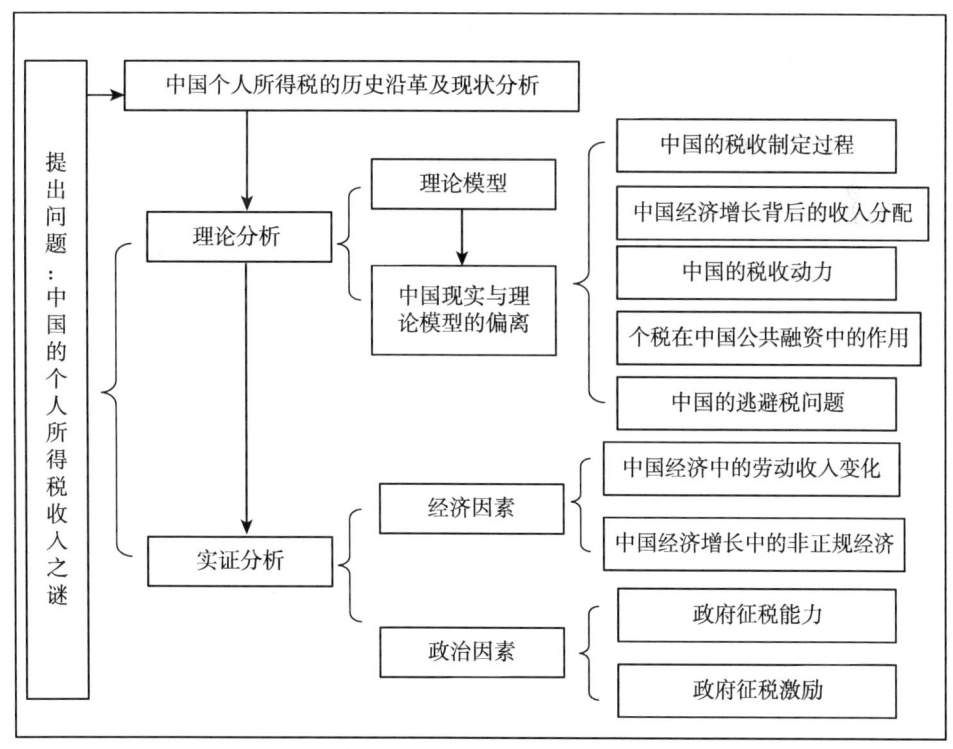

图 1.1　本书基本框架

1.5　创新点与不足

1.5.1　本书的创新点

第一，将政府规模变化理论模型与中国现实相结合，以理论模型为基准，对中国现实问题进行研究。

第二，本书较为系统地从经济结构和政治因素的角度对中国的个人所得税增长之谜做出了解释，为后续研究抛砖引玉，是联系中国现实研究税收规模的一个尝试。

第三，从非正规经济的角度出发，对中国的个人所得税增长路径做出解释。已有对非正规经济的研究基本只是研究其对就业的影响、对劳工权益等的影响，本书在此基础上进行了拓展，研究了非正规经济与个人所得税增长之间的关系。

第四，从政府征税激励和征税能力的角度，解释中国个人所得税的增长，研究了政府不同收入之间的"替代"或"互补"关系。对政府税收努力的研究，已有研究基本都是对利用国内的数据研究中国政府的税收努力，本书在此基础上加入了跨国数据，分析了中国的税收努力程度与国际其他国家的对比情况。同时引入税收努力程度的滞后项，研究税收努力程度对于增加税收收入的短期和长期影响。

第五，对未来中国经济增长与个税占比之间的变化进行了预测。

1.5.2　本书的局限性

第一，本书只是从中国现实出发，分析中国与基准理论模型之间的差异，尚未构建一个符合中国国情的理论模型。

第二，对劳动收入占比的研究，乃至对居民收入的研究，都只是基于显性收入，尚未将隐性收入纳入研究范围。

第三，对政府征税激励的分析，只是考虑了政府收入中的税收收入部分，尚未将政府债务性收入、基金性收入和土地出让金等其他收入纳入考虑。

第四，本书对个人所得税的研究，重点放在对劳动的征税，后续可对除工薪税之外的个人所得税做进一步研究。

因此，需要在后续研究中继续加强理论分析，同时运用更多实证数据对本书所涉及问题进行论证。

第 2 章 中国的个税占比：历史沿革及现状分析

2.1 个人所得税的历史沿革

相对发达国家而言，个人所得税在中国的发展历史较短。受欧美国家和日本建立个人所得税制度的影响①，中国个人所得税制度的创建始议于 20 世纪初，其中经历了一段长期的空白，直到 1980 年，中国才建立现代意义上的个人所得税制度（见表 2.1）。

表 2.1　　1980 年之前中国建立个人所得税制度的探索

时间	主要背景	相关文件	主要内容	结果及影响
1909 年	鸦片战争以后，经过洋务运动、戊戌变法和清末新政的数度推动，到辛亥革命前夕，民族工商业已有较大发展，官办、官商合办和商办企业越来越多，在华外资企业也迅猛增加② 目的：筹集财政收入	《所得税章程》	所得税征收项目和税率共分三类：第一类为公司所得及债票利息，按 2% 的税率计征；第二类为廉薪所得，包括俸廉公费、各局所、学堂的薪水及从事行政衙门与公共机关者的收入，按照 1%~6% 八级全额累进税率计征；第三类为其他所得，适用第二类税率③	虽然已送交资政院审议，但议而未决。不久，辛亥革命爆发，清王朝覆灭，引进所得税计划也随之夭亡

---

① 个人所得税在英国首次开征于 1799 年，美国第一部《个人所得税法》于 1862 年生效（张培森、刘佐，1998），1887 年，日本开征个人所得税（徐晔等，2010）。
② 曾耀辉：《民国时期所得税制研究》，江西财经大学博士论文，2012。
③ 国家税务总局编：《中华民国工商税收史纲》，中国财政经济出版社，2001。

续表

时间	主要背景	相关文件	主要内容	结果及影响
1914年	军政费用支出浩繁，政府迫切地想通过开办所得税等新税来开辟财源，以缓解财政日益窘迫的财政状况	《所得税条例》	共27条，对课税范围、税率等级、计算方法、免税规定、报告手续、调查方式、议决程序、审查组织、纳税时期等均做出了规定①	《所得税条例》虽然得以颁布，但开征阻力重重，征课范围过广，征课手续过繁，不易推行，结果不了了之
1928年	南京国民政府整顿财政，改革税制	《所得税条例（草案）及其施行细则》	条例规定，向国民党各级党部人员和国民政府中央及地方各级机关工作人员征收所得税，按月征收。税率共分9档：所得在50元以下免征；51~100元征1%；101~200元征2%；201~300元征3%；301~400元征4%；401~500元征5%；501~600元征6%；601~700元征7%；701~800元征8%	实施9年，每月收入17万元左右，每年约200万元②
1936年	对1928年条例进行调整、补充、完善，整顿财源	《所得税暂行条例》及其细则	对所得税课税的意义，所得税的沿革及发展，所得税的性质，课税范围、分类，以及课税方法和税率都做了说明③	迈开了中国现代税制建设艰难的一步，有力地推动了中国从旧式税制向新式税制的转变④

与西方国家类似，个人所得税开征之初，主要目的在于筹集财政收入，更准确地说，是为战争筹集经费。即便如此，南京政府出台的所得税制度也还是兼顾了征集财政收入和兼顾社会公平的特点。比如，1936年的《所得税暂行条例》指出，"所得税所以最合乎优良税制之原则者，因有下列各种之性质：第一，普遍性。所得税即系根据纳税人之收益而课税，而人之生存，又皆须赖其

---

① 朱偰：《所得税发达史》，正中书局，1947。
② 金鑫等主编：《中华民国工商税收史》直接税卷，中国财政经济出版社，1996。
③ 张志梁编著：《所得税暂行条例详解》，商务印书馆，1937。
④ 张志超等：《中国财政现代化模式的历程——民国时期（1912—1937）财税改革问题对话》，《华北水利水电学院学报（社科版）》2007年第3期。

所得以资维持，不过其所得有多寡之差别而已。收入多者多纳税，收入少者少纳税，故除其收入仅足维持其生活者，可以免税外，其余无不在征收范围之内，更无论其为勤劳所得或财产所得，即需依法令履行纳税义务，不论何人均不能避免，此所得税之所以具有普遍性也。第二，公平性……第三，伸缩性……第四，回复性①……第五，固定性……"这个时代个人所得税制度的实施效果，主要受制于当时的政治环境和经济社会环境。工业化的发展催生了个人所得税征收的可能，政治条件的成熟与否决定了其能否顺利开征。整体来说，若税制能够兼顾效率和公平，税制设计越明确，越细化，得到民众支持的可能性就越高，最后实施的效果就越好。

1980 年开始，中国开始征收现代意义上的个人所得税。表 2.2 整理了 1980 年之后中国个人所得税的历次调整和变化。与 1980 年之前的个人所得税相比，一个重要的差异体现在：1980 年之后的个人所得税，税制目标更加多元化。1980 年之前，不同政府征收个人所得税主要是为了筹集财政收入，在此基础上兼顾社会效率和公平。1980 年之后的历次个人所得税的调整，无不体现当时特定的征收背景和特定的经济和社会目标。

表 2.2　　　　　　　1980 年之后的中国个人所得税制度演变

时间	主要背景	相关文件	主要内容	结果及影响
1980 年	1978 年改革开放，外资企业进入中国，外籍管理人员和工程师工资很高。我国居民到境外投资和工作，需要交税 目的：维护国家税收权利和税法尊严，在国际经济交往中合理实施我国的税收管辖权	《中华人民共和国个人所得税法》	纳税义务人：在中国境内住满一年的个人和不在中国境内居住但是有来源于中国境内所得的人 应纳税所得：工资、薪金所得、劳务报酬所得、特许权使用费所得、利息等共六项 月免征额为 800 元（当时职工月平均工资为 63.5 元）② 税率：实行 5%～45% 的七级超额累进税率	由于免征额高，实际缴税的主要是在华的外国人，税源相对较窄。当年征收期 3 个多月，征得税额 16 万元③

---

① 回复性是指所得税是对纯所得课税，已扣除生活必须之成本，政府能保证每年都征得税收，即本月用罄下月复有所得，本年用罄下年复有所得，回复甚易，犹如长江之水，有用之不竭之效（张志梁编，1937）。
② 樊勇编著：《中国财税改革与税收实务丛书》，清华大学出版社，2009。
③ 国家税务总局所得税管理司：《我国个人所得税收入情况一览》，《中国税务》2001 年第 6 期。

续表

时间	主要背景	相关文件	主要内容	结果及影响
1986年	改革开放推动个体经济快速发展 目的：规范个体经济市场，同时筹集财政收入	《中华人民共和国城乡个体工商业户所得税暂行条例》	纳税义务人：从事工业、商业、服务业、建筑安装业、交通运输业以及其他行业，经工商行政管理部门批准开业的城乡个体工商业户 应纳税所得：纳税人每一纳税年度的收入总额减除成本、费用、工资、损失以及国家允许在所得税前列支的税金后的余额 税率：7%~60%十级超额累进所得税税率	1986年，中国个人所得税税收收入为5.25亿元，比1985年增加3.93亿元，增加了近3倍
1987年	我国收入结构逐渐变化，收入水平普遍提高，收入来源渠道增加，个人收入差距增大 目的：调节收入分配差距	《中华人民共和国个人收入调节税暂行条例》	纳税义务人：在中华人民共和国境内有住所，取得个人收入的中国公民 应纳税所得：工资、薪金收入；承包、转包收入；劳务报酬收入；财产租赁收入；专利权的转让、专利实施许可和非专利技术的提供、转让取得的收入；投稿、翻译取得的收入；利息、股息、红利收入；经财政部确定征税的其他收入 征收方式：前四项所得综合征收，后面三类分类征收 税率：20%~60%的五级税率	1987年，中国个人所得税税收收入为7.17亿元，较上一年增加1.92亿元
1994年	1994年之前，三法同时试用，征收较为混乱 目的：随着我国市场经济改革的确立，要求税法统一、税负公平、简化税制	新的《中华人民共和国所得税法》和《中华人民共和国个人所得税法实施条例》	实现三法合一，将收入类别拓宽至11类，对居民不再区分内外，只是扣除标准不同	简化了中国个人所得税税制，提高了执行效率，使个人所得税税制更加规范、简单、公平

续表

时间	主要背景	相关文件	主要内容	结果及影响
1999年	1996年开始，我国经济进入下滑轨道 征收目的：扩大内需，刺激消费	《个人储蓄存款利息所得税》	对储蓄存款在1999年11月1日后的利息征收所得税，税率为20%	储蓄存款利息税征收5年（1999.11.1～2004.11.1），征收总额为1329.76亿元，平均每年增加财政收入260多亿元。但是，对消费的拉动作用不明显，占总的国家财政收入的比重较小，且有加剧收入分配不公的可能①
2000年	鼓励投资、促进税负公平和完善	《关于个人独资企业和合伙企业投资者征收个人所得税的规定》	从2000年1月1日起，对个人独资企业和合伙企业停征企业所得税，只对其投资者的经营所得征收个人所得税。比照个人所得税法的"个体工商户的生产经营所得"应税项目，适用5%～35%的五级超额累进税率	2000年，全社会固定资产投资和城镇固定资产投资增加明显，个人所得税税收收入明显增加，企业所得税增速下降
2006年	工薪收入大幅度上涨，社会贫富差距进一步扩大。与1980年相比，居民生活成本大幅度增加	《关于修改〈中华人民共和国个人所得税法〉的决定》	从2006年1月1日起，工薪所得费用扣除标准从每月800元提高到1600元	免征额上调后，同等收入允许扣除的免征额标准上升，应纳税所得减少，适用税率也相应降低。各收入水平纳税主体的税负均有所降低，尤其是低收入阶层的大部分工薪收入者因收入达不到减除费用标准而免予缴税，中等收入者税负也将减轻②

---

① 阎坤、于树一：《对利息征税的改革方向及政策建议》，《税务研究》2005年第7期。
② 南京市地税局、南京市税务学会编著：《科学发展和谐税收》，南京大学出版社，2009。

续表

时间	主要背景	相关文件	主要内容	结果及影响
2008 年	2008 年，城镇单位就业人员平均工资增加至 2408 元，较 2006 年增长 670 元，大多数低收入人群仍然承担了较多的税负	《关于修改〈中华人民共和国个人所得税法实施条例〉的决定》	从 2008 年 3 月 1 日起，工薪所得费用扣除标准从每月 1600 元提高到 2000 元	即便调整了扣除标准，2008 年的全国个人所得税收入为 3722.31 亿元，较 2007 年的 3185.58 亿元仍有较大幅度增加
2011 年	随着房价不断上涨，居民生活成本快速增加，个人所得税基扩张明显，大多数低收入群体都被纳入其中	《关于修改〈中华人民共和国个人所得税法〉的决定》第六次修正	从 2011 年 9 月 1 日起，工薪所得费用扣除标准从每月 2000 元提高到 3500 元	根据国家税务总局的估计（国家税务总局网站，2011），免征额调整后，纳税人口降至 2400 万[①]
2018 年	进一步深化财税体制改革，优化税制结构	《关于修改〈中华人民共和国个人所得税法〉的决定》第七次修正	将工资、薪金所得，劳务报酬所得，稿酬所得和特许权使用费所得合并为综合所得，按年征收；两项经营所得合并；修改了对居民纳税人的认定标准；工薪所得费用扣除标准提高至 5000 元；综合所得增加了 6 项专项附加扣除；增加了反避税规定	在一定程度上降低了工薪阶层的负担，同时扩大了税基，有利于我国税制沿着"宽税基、减税率"的目标改进

1980 年开征个人所得税，主要针对的是当时改革开放背景下在中国工作的高收入外籍人士，因此，当时的费用扣除标准极高，远远超过当时普通职工的收入水平，99.99% 的人都不在纳税义务人之列，当时的主要目标也不是为了筹集财政收入。1980 年，仅征得个人所得税收入 16 万元。

1986 年开征城乡个体工商户所得税，也与当时特定的经济背景相关。改革开放之后，个体经济迅速发展。对个体工商户征收个人所得税，一方面，为了

---

① 李实、赖德胜、罗楚亮等著：《中国收入分配研究报告》，社会科学文献出版社，2013。

调节个体经济发展带来收入差距的扩大；另一方面，以个人所得税的方式对个体工商户进行整顿，督促其进行登记，促进个体工商户发展的规范化。以北京市密云县为例，1983 年，全县有个体工商户 2152 户，从业 3773 人，营业额 550.5 万元。从 1984 年开始，密云县以征收个人所得税的方式对个体工商户进行整顿，换照 461 户，从业 752 人；验照 1047 户，从业 2010 人；收缴执照 37 户，从业 52 人；歇业 291 人，从业 421 人；缓发照 12 户，从业 90 人；新发展 88 户，从业 152 人；吊销营业执照 2 户，罚款 2 户。1986 年底个体工商业登记 6260 户，从业 14078 人。其中：城镇 206 户，农村 6054 户，总计资金 1776.6 万元，营业额 7056.2 万元，商品零售额 1936.4 万元，占社会商品零售总额的 8%①。

1980～1990 年，中国居民收入分配的不均等程度不断扩大。根据赵人伟、李实（1994）②的研究，1988 年全国居民收入的基尼系数是 0.382，1990 年城乡居民收入差距超过了改革前的 1978 年。在城市，由于市场经济发展的不完善，一部分人获得畸高收入，1988 年中国城市居民收入的基尼系数为 0.233，比 1980 年上升了约 46%。在农村，由于乡镇工业发展规模和速度上的差异，从 1983 年开始，农村居民收入差距逐年扩大，1986 年基尼系数上升为 0.31，1988 年上升至 0.338。为了对不断增加的收入差距进行调节，促进社会稳定，1987 年，我国开征了个人收入调节税。单从字面意思都不难理解，1987 年开征的个人收入调节税的主要目标是调整收入分配，筹集财政收入为次要目标。

1993 年之前，中国的个人所得税是三法同时适用，外籍人士适用 1980 年颁布的《中华人民共和国个人所得税法》，个体工商户适用《中华人民共和国城乡个体工商业户所得税暂行条例》，国内居民适用《中华人民共和国个人收入调节税暂行条例》，这不仅不符合国际惯例，施行起来也较为混乱。因此，1994 年的个人所得税改革，主要目的是理顺中国的个人所得税税制，提高执行效率，使个人所得税税制更加规范、简单、公平。

1999 年开征的个人储蓄存款利息税，也与当时的经济环境有关。受亚洲金融危机的影响，国内消费不振，经济下滑，当时征收的个人存款利息税，可以看作当时短期的宏观刺激政策，以扩大内需，刺激消费。随着宏观经济形势的变化，该政策也随之调整。2007 年 8 月 15 日，个人储蓄存款利息税税率由 20%

---

① 密云县志编纂委员会：《密云县志》，北京出版社，1998。
② 赵人伟、李实：《中国居民收入分配问题研究》，中国社会科学出版社，1994。

调减为5%，2008年10月8日，个人储蓄存款利息税正式取消。

2000年，个人独资企业和合伙企业投资者的经营所得由征收企业所得税改为征收个人所得税。此次调整，虽然带来了个人所得税税收收入的较大增加，但这主要是税制的结构性调整导致，此次改革的主要目的是为了减少重复征税，促进企业投资。

2006~2011年，个人所得税工薪所得的费用扣除标准经历了三次调整。这三次调整的背景相似，原因接近。1980年，个人所得税工薪所得的费用扣除标准定为800元。1980~2005年，该标准一直未变，但这段时间居民的收入和消费支出水平发生了很大的变化，800元的扣除标准，从1980年的全国只有少之又少的人缴纳，变成21世纪涵盖大部分工薪群体的税收。800元的扣除标准甚至不足以覆盖基本的生活支出成本。之后的三次工薪所得费用扣除标准的调整，都是基于该思路。可以说，这段时期个人所得税税收收入的不断增加，主要是由于居民收入增加带来的税基扩大，而非政策刚开始制定时的"本意"。

2018年的个税改革，是一次较大范围的综合性改革。2019年开始，我国开始实施有专项附加扣除的综合与分类相结合的个人所得税制。本次改革取消了非居民纳税人的附加扣除，将非居民纳税人的认定标准由365天降低至183天，都是我国拓宽税基的尝试。同时，提高居民纳税人的费用扣除标准，扩大纳税级距，增加六项专项附加扣除，这是2018年个税改革的结构性变化。

通过对中国个人所得税历次演变的整理，以及1980年之前和之后个人所得税税制的比较，可以看出，1980年之前与1980年之后中国个人所得税税制调整的一个巨大差异在于：从决策者的角度来看，1980年之前，个人所得税税制的确立目标很明确，就是为了筹集财政收入，但1980年之后，随着国内国际环境日趋复杂，中国个人所得税税收政策的确立在很多时候是为了适应当时宏观经济形势，作为解决某一个或一些宏观经济问题的工具，主要目标并非筹集财政收入。也就是说，个人所得税税收制度的演变体现了政府的征税激励，从政府激励的角度来说，1980年之后建立的个人所得税制度，决策者征收个人所得税以筹集财政收入的激励在每一次税收政策确立，每一次税收政策调整之时，都不如1980年之前的决策者强烈，除了筹集财政收入，决策者越来越开始强调个人所得税在收入分配等方面的作用。

2.2 中国税制结构的典型特征

2.2.1 个人所得税占税收收入比重先上升后下降

中国现代意义上的个人所得税自 1980 年开征以来,其税收收入自开征之初,即 1981 年的 0.05 亿元,增加至 2018 年的 13871.87 亿元。但是,个人所得税占总税收收入的比重,却经历了一个先上升后下降再逐步上升的过程。1994 年之前,中国的个人所得税征收尚处于探索阶段,个税占总税收收入比重不足 1%。从 1994 年开始,我国确立了较为完整的个人所得税税制,个人所得税税收收入占总税收收入的比重逐步增加。至 2005 年,个人所得税占总税收收入的比重达到 7.28%。之后,个人所得税占总税收收入的比重一直缓慢下降,尤其是 2011 年至 2012 年,受上调个人所得税免征额的影响,个税占总税收收入的比重自 2011 年的 6.75%,下降至 2012 年的 5.78%。个税收入也从 2011 年的 6054.11 亿元,下降至 2012 年的 5820.28 亿元。之后个税占税收收入的比重缓慢回升,到 2018 年,中国个人所得税税收收入为 13871.87 亿元,占总税收收入的 8.87%(见图 2.1)。

2.2.2 个人所得税占税收收入比重低于其他国家

中国个人所得税占税收收入的比重,不仅远低于经济总量与中国相当的国家,也低于人均经济总量与中国接近的国家。图 2.2 是按照 2017 年 IMF 世界经济展望,经济总量与中国相当的国家,加上中国香港和中国澳门的 2016 年个人所得税占总税收收入的比重。可以看到,美国、意大利、澳大利亚、德国、英国、法国等发达经济国家,个人所得税占税收收入的比重都在 30% 之上。美国 2016 年个人所得税占总税收收入的比重高达 53.10%。2016 年俄罗斯个税占总税收收入比重为 14.07%,巴西为 11.29%,虽然低于发达国家的比重,但也高于中国的个税占比。

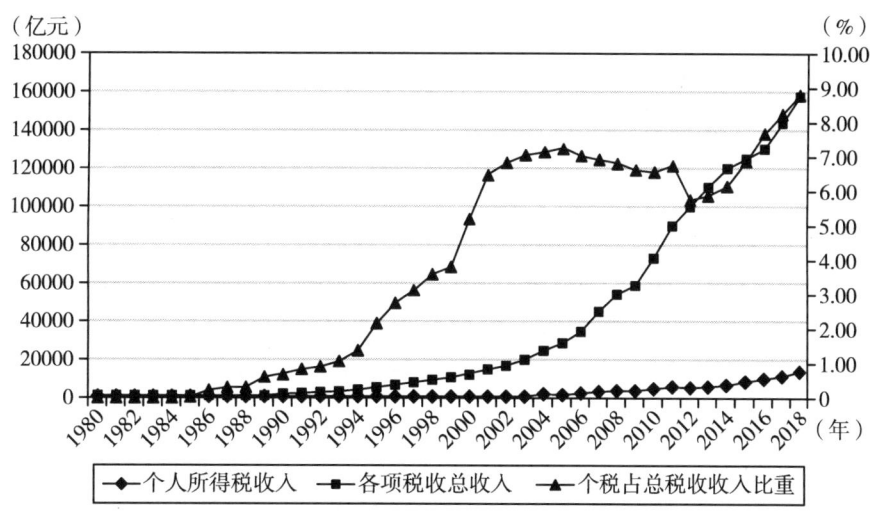

图 2.1 个税收入及其占总税收收入比重

资料来源：1980~2000 年的个人所得税税收收入来自国家税务总局所得税管理司：《我国个人所得税收入情况一览》，《中国税务》2001 年第 6 期；2001~2018 年的个人所得税税收收入数据和总税收收入数据来自国家统计局网站数据中心，http://data.stats.gov.cn。

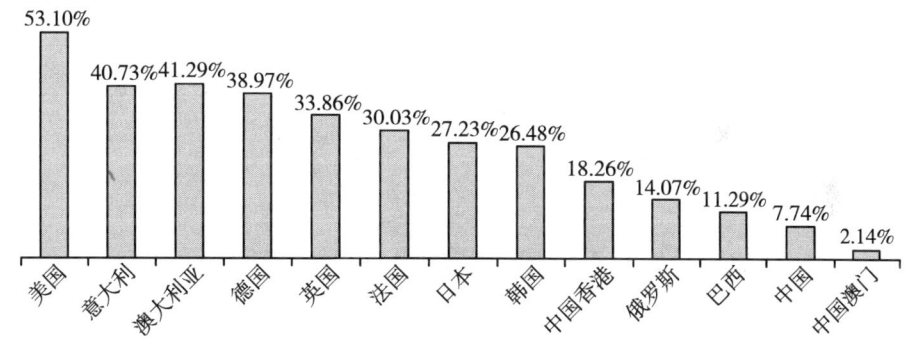

图 2.2 2016 年各国个税收入占总税收收入比重（发达国家和地区）

资料来源：IMF：《政府财政统计手册》，2017 年。

唯一低于中国大陆个税占比的是中国澳门，一方面，澳门专利税和博彩税税源充足，其他税尤其是职业税的贡献很小，另一方面，澳门受葡萄牙"轻税富民"思想的影响，各项税率都较低，职业税自 1978 年制定之始，税率即定为 10%~15% 的六级累进税率。近年来，又继续下调至 7%~12%（潘瑜天，2010）①。2018 年，澳门个人所得税最高税率仅为 12%。年收入 10 万美元的

---

① 潘瑜天：《从澳门职业税看中国个税改革》，《财会研究》2010 年第 2 期。

个人①，在澳门的个人所得税有效税率仅为 4.1%，而中国大陆为 22%；年收入 30 万美元的个人，在澳门的个人所得税有效税率仅为 6.0%，中国大陆为 35%②，无论是个人所得税法定税率还是有效税率，中国大陆都远高于中国澳门。

图 2.3 描绘的是按照 2017 年 IMF 的世界经济展望，人均 GDP 与中国经济较为接近的国家的 2016 年个人所得税占总税收收入的比重。可以看出，与人均经济发展水平与中国较为接近的国家相比，中国的个人所得税占总税收收入的比重依然较低。其中，南非和罗马尼亚个人所得税占税收收入的比重超过 20%，土耳其、白俄罗斯、保加利亚和阿塞拜疆个税占税收收入的比重为 10%～20%，都高于中国的个税占比。

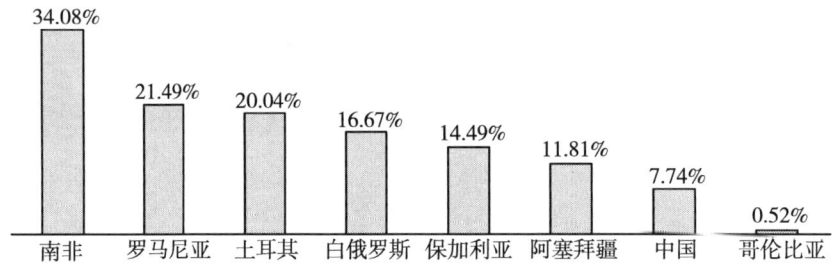

图 2.3　2016 年各国个税收入占总税收收入比重（发展中国家）

资料来源：IMF：《政府财政统计手册》，2017 年。

2.2.3　工薪所得税占个人所得税比重逐步上升

按照目前的《中华人民共和国个人所得税法》，我国的个人所得税是按照以下 11 类所得分类征收：工资、薪金所得，个体工商户的生产、经营所得，企事业单位的承包、承租经营所得，劳务报酬所得，稿酬所得，特许权使用费所得，利息、股息、红利所得，财产租赁所得，财产转让所得，偶然所得和其他所得，加上每年的税款滞纳金和罚没收入，共同组成当年的个人所得税税收收入。

工资、薪金所得税是指针对个人因任职或受雇而取得的工资、薪金、奖金、

---

① 仅指未婚单身个人。
② KPMG's Individual Income Tax and Social Security Rate Survey 2012. http：//kpmg‑meijburg.com/uploads/files/publications/2012/individual_income_tax_and_soc_sec_rate_survey_2012.pdf

年终加薪、劳动分红、津贴以及与任职或者受雇有关的其他所得而征收的税收，是我国个人所得税的最重要组成部分。2017 年，工薪所得税收入为 8104.64 亿元，占整个个人所得税税收收入已超 67%。毫无疑问，目前而言，工薪所得已成为个人所得税最重要的来源（见表 2.3）。由于涉及人群广，影响较大，工薪税也是近些年来社会媒体及公众最关注的税种之一[①]。

表 2.3　　2017 年全国个人所得税分项目收入统计表

序号	项目	合计（亿元）	比重（%）
	合计	11961.28	100
1	工资、薪金所得	8104.64	67.76
2	个体工商户的生产、经营所得	599.20	5.01
3	企事业单位的承包、承租经营所得	122.80	1.03
4	劳务报酬所得	484.45	4.05
5	稿酬所得	8.42	0.07
6	特许权使用费所得	5.82	0.05
7	利息、股息、红利所得	1011.18	8.45
	其中：储蓄存款利息所得	0.14	0.00
8	财产租赁所得	73.85	0.62
9	财产转让所得	1382.21	11.56
	其中：房屋转让所得	416.72	3.48
	其中：限售股转让所得	209.90	1.75
10	偶然所得	107.19	0.90
11	其他所得	34.77	0.29
12	税款滞纳金、罚没收入	26.75	0.22

资料来源：《中国税务年鉴 2018》。

---

① 《个税已经沦为工薪税改革应尽快落地》，《新华网》2015 年 11 月 24 日，http://news.xinhuanet.com/local/2015-11/24/c_128460068.htm。

工资、薪金所得税不仅占个税比重较高，基本也是处于逐年上升的趋势（见图2.4）。2000~2017年，中国工资、薪金所得税收入绝对值从660.37亿元增加至2017年的8104.64亿元。从相对规模来看，工薪税占个人所得税的比重，从2000年的42.87%，增加至2017年的67.76%。

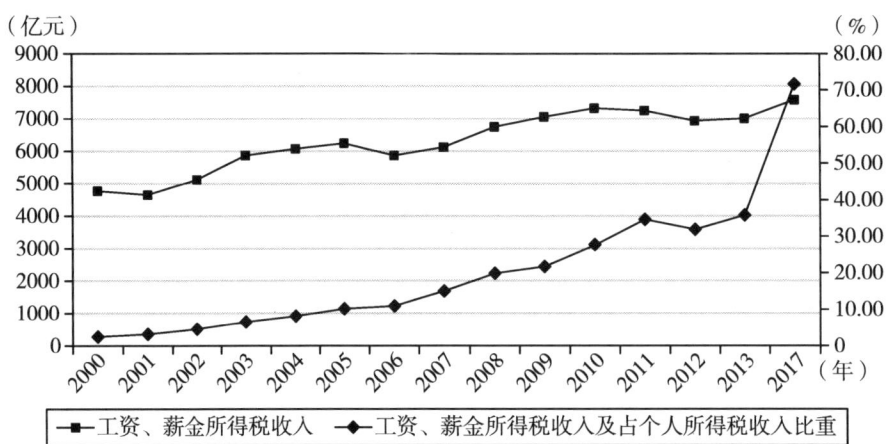

图2.4 工资、薪金所得税收入及其占个人所得税收入比重（2000~2017年）

资料来源：《中国税务年鉴2001~2018》（具体数据见附录1）。

2.2.4 中国税收结构更多地依赖流转税

关于中国宏观税负的高低，虽然一直都颇受争议①，一个基本的事实是，中国整体宏观税负并不低（安体富，2014）②。在整体宏观税负较高的情况下，中国的个人所得税税收收入远低于其他与中国GDP较为接近的国家（见图2.5）。按照世界银行的统计，平均而言，中国所得税、利润税和资本收益税占总收入的比重为24.43%，而即使全球税务负担最轻的五大国家之一的新加坡，其国内所得税、利润税和资本收益税占总收入的比重达33.5%，主要依赖直接税的美国，所得税、利润税和资本收益税占总收入的比重为52.28%，远超中国的两倍。相比之下，中国的流转税远超其他国家。中国货物和服务税收占总收入的

---

① 《福布斯》的"全球税负痛苦指数排行榜"将中国内地的"税负痛苦指数"排名全球第二。之后，《人民日报海外版》刊文指出，中国税负水平被外界夸大。也有一些学者认为，《福布斯》计算所采用的方法不完全合理，中国的税负远不如其他一些国家高（朱青，2007）。
② 安体富：《中国税制改革顶层设计问题研究》，《财经理论研究》2014年第6期。

比重均值为56.65%，日本近8年货物和服务税收占总收入平均值为36.12%，韩国为23.61%，新加坡为24.08%，英国为32.95%，美国最低，为2.9%，均远低于中国流转税的比重。

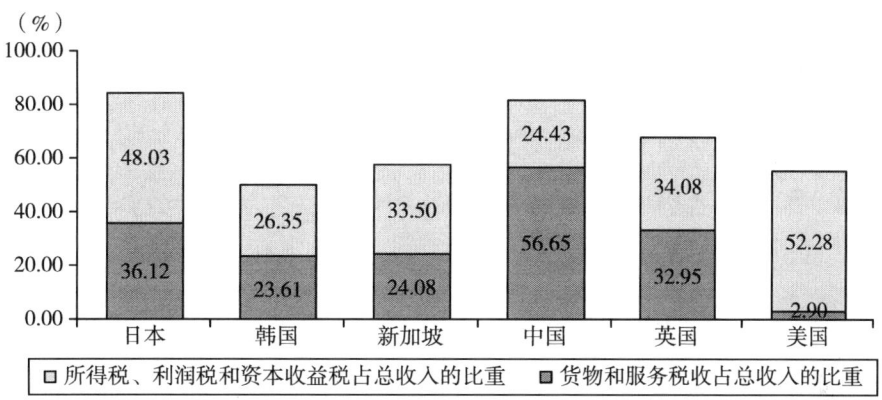

图2.5　不同国家税收结构

注：日本为2010～2016年平均值，韩国为2010～2015年平均值，新加坡为2010～2016年平均值，中国为2010～2014年平均值，英国为2010～2015年平均值，美国为2010～2016年平均值。

资料来源：EPS数据平台：《世界经济发展数据库》。

2.2.5　中国个人所得税的法定税率并不低

决定税收总量的有两个变量：税率和税基。从跨国比较来看，中国的个人所得税低于其他经济水平相当的国家，那么是税率还是税基的因素导致了中国相对较低的个人所得税呢？图2.6描绘的是25个样本国家最高法定所得税率和2010年所得税、利润税和资本收益税的情况，可以看出，中国的法定最高个人所得税税率在25个国家中处于偏高的水平，仅低于法国、奥地利、澳大利亚和丹麦。因此，导致中国个人所得税总额较其他国家较低的原因主要在于税基。已有的实证研究也表明，相同发展水平国家之间的最高法定所得税率大致接近，不同的税收收入主要取决于税基（Besley & Persson，2014）[①]。

---

① Besley T, Persson T. Why Do Developing Countries Tax So Little? [J]. Journal of Economic Perspectives, 2014, 28 (28): 99-120.

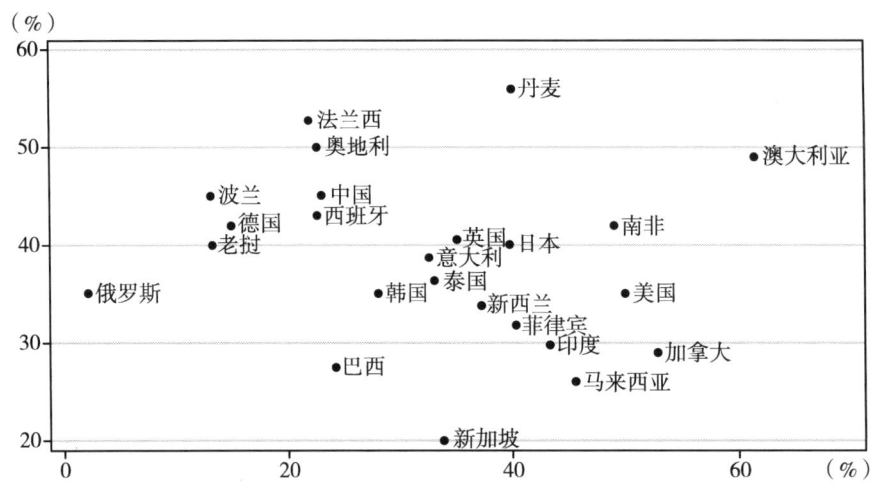

图 2.6　所得税与最高税率

注：澳大利亚最高个人所得税率 49% 为 2014 年 7 月 1 日调整后税率；日本最高个人所得税率为 2007 年的值；意大利对于个人应税总收入超出 10 万欧元的部分，还要征收 4% 的调节附加税；印度应税所得超过 100 万卢比的纳税人，还需要按 10% 的税率缴纳附加税，所有纳税人还须按 3% 的税率缴纳教育税；加拿大 29% 的最高税率是指联邦个人所得税，未包含省和属地的个人所得税。

资料来源：横轴为各国 2010 年所得税、利润税和资本收益税占总收入的比重，来自 EPS 数据平台《世界经济发展数据库》。纵轴为各国个人所得税最高税率，作者由互联网收集整理。

2.3　本章小结

我们从个人所得税的历史演变，以及个人所得税的现状入手，对中国的个人所得税税收收入的事实状况进行了描述，得出以下几个结论。

第一，从个税发展演变的视角来看，中国目前的个人所得税税收体制从建立之初，到中间的每一次调整，都与当时的宏观经济形势息息相关。很多时候，个人所得税更多发挥的是财政刺激，或者调整收入分配的功能。个人所得税的增长，更多是由于经济增长，税基自然拓宽而带来的"自然增加"。

第二，中国的个人所得税占税收收入的比重，呈先上升后下降的趋势。

第三，无论是与发达国家相比，还是与发展中国家相比，中国的个人所得税占总税收收入比重都偏低。

第四，工薪所得税占个人所得税税收收入的比重逐年上升，2017年，工薪所得税收收入为8104.64亿元，占总个人所得税税收收入已超过65%。

第五，从税收结构来看，中国的税收结构更多地依赖流转税。

第六，从国际比较来看，中国个人所得税的法定税率并不低，理解中国个人所得税收入之谜的关键在税基。

第 3 章　中国个人所得税收入之谜：理论解析

本章，我们将从一个基准的理论模型出发，研究规范意义上的政府税收规模。在第二部分，我们将分析中国的国情与基准模型的偏离，提出中国个人所得税增长的理论逻辑。后面的章节，我们将分别从劳动收入占比、非正规经济、政府征税能力和征税激励的角度来对这些理论进行验证。

3.1　一个基准模型

3.1.1　模型的提出

对直接税的研究最著名的是 Mirrlees（1971）的最优所得税模型，Mirrlees（1971）首次将税收的公平（寻求利益重新分配以实现社会公正）和效率（将税收制度引起的扭曲行为减到最少）相结合，研究在效率与公平权衡取舍下的最优所得税[1]。之后，Romer（1975）、Robert（1977）和 Meltzer & Richard（1981）将政治过程引入税收决策，研究了多数投票规则下的税收决定过程[2]。本书将通

---

[1] Mirrlees J A., An Exploration in the Theory of Optimum Income Taxation [J]. Review of Economic Studies, 1971, 38 (114): 175–208.

[2] Romer, Thomas. Individual welfare, majority voting, and the properties of a linear income tax. Journal of Public Economics, 1975, 4 (2): 163–185.
Roberts, Kevin W. S. "Voting over Income Tax Schedules." Journal of Public Economics, 1977, 8 (77): 329–340.
Meltzer, Allan H., and S. F. Richard., A Rational Theory of the Size of Government, Journal of Political Economy, 1981, 89 (5): 914–27.

过中位选民定理为基础的政治投票过程,从再分配的视角来研究税收规模的决定过程。

在介绍该基准模型之前,我们先介绍一个重要的假说:托克维尔假说(Tocqueville Hypothesis),托克维尔在其著作《论美国的民主》中指出,政府规模依赖于社会平均收入与决定性选民收入的差距,若实行多数投票规则,中位选民为决定性选民,那么政府规模依赖于社会平均收入和中位收入之间的差距①。若收入分布为右偏分布(见图3.1)②,社会平均收入大于中位收入,决定性选民(中位选民)会偏好再分配政策,该国会采取高税收的政策,在均值收入下的选民越多,政府规模就越大。

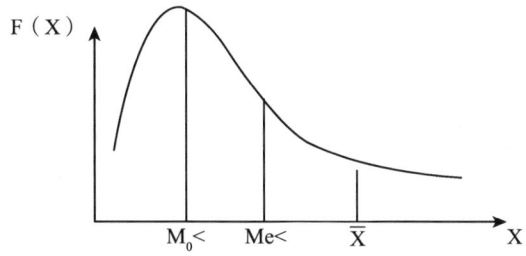

图 3.1　右偏分布下的收入关系(众数 < 中位数 < 均值)

托克维尔假说给出了多数投票规则下政府规模的决策过程。但是,该假说也有其局限性,它没有考虑这一过程的上限。决定性选民不可能无限地利用税收来消除收入差距,这个过程存在上限,因为当转移支付的规模随着税收规模增加时,个体尤其是高收入个体的工作激励下降,可征税收入减少,因此,政府规模存在最大值。

3.1.2　基准模型的设定

Meltzer & Richard(1981)③ 模型的基本假设是:个体拥有完全的信息来最大化自己的效用,也就是说,选民没有"财政幻觉",不是短视的,充分了解税收决策和再分配的后果,知道自己的决策会影响他人工作和闲暇之间的抉择;

---

① de Tocqueville, Alexis. Democracyin America, 1835, Reprint ed. Oxford:OxfordUniversity. Press, 1965.
② 我们常说的帕累托分布,即为典型的右偏分布。
③ Meltzer, Allan H., and S. F. Richard., A Rational Theory of the Size of Government, Journal of Political Economy, 1981, 89 (5):914 – 27.

预算是平衡的，没有赤字，再分配的来源是实际资源；我们分析的重点是政府的再分配职能，忽略公共品的提供；我们所说的政府规模，以税收占国民收入的比重来衡量。

经济中存在大量的典型性个体，商品市场决定价格，劳动力市场决定工资，政治过程决定税率。个体选民将价格、工资和税率视为已知。个体在劳动、闲暇和消费之间进行抉择，个体选择不同仅仅是因为工资收入的差异，工资收入的差异来自初始禀赋的差异，以劳动生产率的差异来体现。最终收入差异来自劳动生产率的差异和工作时间的差异。

与经典假设相同，个体效用取决于消费和闲暇，即 $U(c,l)$，效用函数为严格凹函数，消费和闲暇为正常品。当消费为 0 时，消费的边际效用为正无穷；当闲暇为 0 时，闲暇的边际效用为正无穷。个体拥有的总时间为 1，即个体拥有的初始禀赋是：生产能力（生产率）和 1 单位的时间，1 单位的时间在工作 n 和闲暇 l 之间分配，$n+l=1$。经济中没有储蓄，一个生产率为 x 的选民，消费为：

$$C(x) = (1-t)nx + r, C \geq 0 \tag{1}$$

其中，C 为个体选民的消费，x 为选民的生产率，t 为税率，n 为工作时间，r 为转移支付。（1）式表明，个体的消费等于税收收入加上转移支付的数额。对于一个没有劳动能力的人，$x=0$，$C=r \geq 0$。

对于每一个人，t 和 r 是已知的，即在劳动力市场都是价格接受者。代表性个体的最大化问题为：

$$\max_{n \in [0,1]} U(c,l) = \max_{n \in [0,1]} U[r+nx(1-t), 1-n] \tag{2}$$

该最大化问题的一阶条件为：

$$0 = \frac{\partial U}{\partial n} = x(1-t)U_c[r+nx(1-t), 1-n] - U_l[r+nx(1-t), 1-n] \tag{3}$$

当 $n=0$ 时，

$$x_0 = \frac{U_l(r,1)}{(1-t)U_c(r,1)} \tag{4}$$

由（3）式和（4）式可知，x_0 为一个人选择工作与否的生产率界限，对于生产率小于 x_0 的个体，他会选择不去工作，即 $n=0$，其消费刚好等于转移支付的数额，$c=r$。而且，对于选择不去工作的个体，因为税率越高，转移支付数额越高，那么，其会偏好高税率。若没有其他约束，对该个体来说，税率越高越好，且不存在上限。

然而，就如前文所述，这个过程并不是没有约束。若税率太高，会降低 $x >$

x_0 的个体的工作激励，可税收入会下降，转移支付数额也会随之下降。因此，这一过程存在一个最大值。也就是说，增加税率会有两种效应：一是1美元的收入可征收更多的税收；二是每个人会选择更多的闲暇，会有更多的人依赖再分配。因此，我们需要增加一个约束，政府预算平衡：

$$t\bar{y} = r \tag{5}$$

其中，$\bar{y}$ 为社会平均收入，若以 $F(\cdot)$ 表示劳动生产率的分布情况，则：

$$\bar{y} = \int_{x_0}^{\infty} xn[r,(1-t)x]dF(x) \tag{6}$$

3.1.3 基准模型的结论

由（2）式和（5）式，我们就得到了在预算约束下代表性选民的最优决策问题。据此，可以得到如图3.2所示的结论。

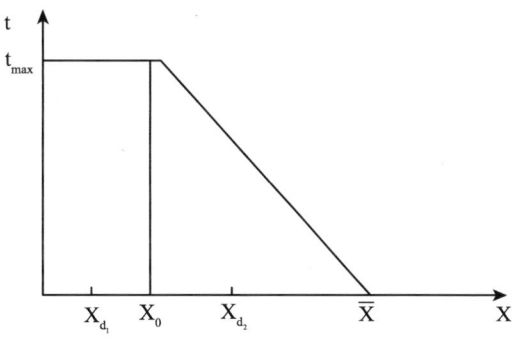

图 3.2 模型图解

如图3.2所示，我们分析五类代表性选民。第一类是生产率低于 x_0 的选民，比如 x_{d_1}，对于该类选民，他（她）的消费等于转移支付的数额 r，所以会选择最大化 r 的税率 t_{max}，由（4）式可知，$t_{max} < 1$。当选民生产率逐渐增加，到 x_0 的水平，x_0 为选民是否工作的临界点，此时选择的税率仍为最大值 t_{max}。当代表性选民的生产率进一步增加至超过 x_0，比如 x_{d_2}，该选民一方面工作并缴税，同时也得到转移支付，但是随着生产率逐步增加，工作交的税远远超过得到的转移支付数额 r，也就是说，此时，一个人的劳动生产率越高，他（她）偏好的税率就越低。当生产率进一步增加至 $\bar{X}$，该选民是平均生产率，他（她）不再能从再分配中得到好处，此时他（她）会选择零税率，不偏好任何再分配政策。若生产率进一步增加至 $\bar{X}$ 右侧，税率为0，转移支付也为0。当转移支付 $r = 0$ 时，因为

$U_c(0, \cdot) = \infty$，每个人都会选择去工作，因此得到图 3.2 中加粗部分的税收决策过程。

由以上过程可知，在一个以多数投票规则决策的民主国家里，最终该国的政府规模取决于该国选民的收入分布。若选民群体中高收入人群较多，会更偏好低税率（小政府）和较少的转移支付，若选民群体中低收入人群较多，会更偏好高税率（大政府）和更多的再分配。这解释了在过去 25 年里，西欧和北美国家税收不断增加的原因（Nutter，1978）[①]。随着投票权的不断普及，越来越多的低收入群体进入投票体系，所以税率不断增加，政府规模不断扩张。

我们之所以分析这个基准模型，是为了设立一个标准，理解产生某种结果所隐含的具体假设条件，分析当现实中这些条件不被满足或者产生偏离时，会如何导致结果的差异，或者帮助我们系统地思考这些假设条件是否真正适用或者需要进一步的修正。毫无疑问，表面来看，中国的个人所得税增长之谜是这一基准模型的反例：中国经济高速增长，个人所得税却始终只占国民收入的很小一部分。接下来的部分，我们将从中国国情出发，探讨中国的现实如何产生了与这一基准模型的偏离，以助于我们更好地理解中国的税收体系。

3.2　与基准模型的偏离：中国国情

我们从五个角度来探讨中国现实与基准模型之间的偏离。第一，在中国民主集中制的政治制度下，政策制定可能并不代表中位选民的利益。第二，按照基准模型，再分配的过程是财富由高收入群体向低收入群体转移的过程，但是，出于政治原因，资源并不是由高收入群体转移到低收入群体或者中产阶级，可能是转移到某些关键的政治集团手中，造成收入差距不是缩小而是增加，或者资源以储蓄的形式集中在政府或企业部门。第三，中国征税的动力不一定是再分配，尤其是在建国初期，需要集中力量办大事的时期，征税的目的是集中全国资源进行重工业投资、基础设施建设，以及教育、医疗卫生等方面的投资。第四，在流转税和所得税之间，中国更依赖流转税来筹集政府收入。第五，巨

---

① Nutter G. Warren, Growth of Government in the West, Washington: American Enterprise Inst., 1978.

大的逃避税空间，尤其是经济发展初期，存在大量的非正规企业，税收的漏损效应明显。

3.2.1 中国的税收政策决定过程

在中国，税收政策的制定可分为两种：一种是以法律、法规、规章的形式确定的税收政策制定流程，由财政部或国家税务总局起草之后，要么交由全国人大及其常委会审议（法律），要么交由国务院审议（法规），或者由财政部或国家税务总局审议是否通过（规章）。另一种是层级较低，以税收规范性文件形式确定的税收政策制定流程[①]。

税收法律的制定最终由全国人大及其常务委员会决定。一般来说，税收法律草案的制定，主要有两个步骤。第一个步骤是，全国人大及其常委会向国务院授权。这主要有两种方式，一种方式是全国人大及其常委会授予国务院立法职权，来完成某项税收法律草案的起草等初步工作；另一种方式是国务院主动向全国人大及其常委会提交某项税收法律草案的建议。第二个步骤是财政部根据全国人大常委会、国务院的立法工作计划拟订财政法律草案，同时向全国人大常委会、全国人大及其常委会有关委员会、国务院提出财政法律立法项目建议。国家税务总局拟定税收法律草案，制定实施细则，提出国家税收政策建议并与财政部共同审议上报国务院。

税收法规是指国家最高行政机关，即国务院根据宪法和法律制定的一种调整税收关系的规范性文件。一项税收法规的制定，在立法程序上一般要经过草拟法律草案、讨论法律草案、通过法律、颁布法律等几个相互衔接的阶段（项怀诚、郑家享，1995）[②]。税收法规的法律效力仅次于税收法律，制定过程与税收法律类似，由财政部和国家税务总局负责起草，并向全国人大常委会、全国人大及其常委会有关委员会、国务院提出税收法规立法项目建议，经过有关部门充分讨论，拟定和审核税收行政法规草案，草案通过后，形成正式的法规向社会公布。

税收规章包括税收部门规章和地方性税收规章（魏俊、王玉华，2012）[③]。

---

① 王远伟：《利益集团影响税收政策过程研究》，财政部财政科学研究所博士论文，2014。
② 项怀诚、郑家享主编：《新财税大辞典》，中国统计出版社，1995。
③ 魏俊、王玉华编著：《财政税收法概论》，知识产权出版社，2012。

税收部门规章是由财政部、国家税务总局及相关涉税部门在职权范围内制定的，在全国范围内对税务机关、纳税人、扣缴义务人及其他税务当事人具有普遍约束力的税收规范性文件。一般来说，税收规章由财政部和国家税务总局共同起草或者税务总局单独起草，最终由财政部或者国家税务总局领导签署即生效。地方税收规章是地方人民政府依据税收法律、法规及国务院税收管理部门制定的税收规章，在其职权范围内制定或根据授权制定的规范性税收文件，其效力等级最低，但也是广义税法的组成部分。其大部分是各省、自治区、直辖市根据税收法律、法规制定的本辖区具体实施办法[1]。

税收规范性文件，是指各级税务机关依照法定职权和规定程序制定并公布的，规定纳税人、扣缴义务人及其他税务行政相对人的权利、义务，在本辖区内具有普遍约束力并反复适用的文件，俗称"红头文件"（不含规范税务机关内部行政管理的文件）[2]。税收规范性文件较上述税收政策具有很大的便利性，因此在中国主要以规范性文件为主，大多数税收规范性文件由财政部、国家税务总局制定或者财政部和国家税务总局联合制定。

可以看出，在中国，无论是法律、法规、规章还是规范性文件，政策参与者主要是地方政府、相关执行部门、人大常委会和国务院，与基准模型的中位选民决策相差较远。随着社会经济的发展，民众公民意识的提升，中国税收制定过程民众参与度逐渐增加[3]。比如，2005年10月27日《中华人民共和国个人所得税法》的修改。税收政策决策部门先行征求各个行业和部门的意见，其次是通过网络向社会公布，然后是召开听证会进行听证，最后经修订提交全国人大常委会通过[4]。在中国个人所得税"免征额"（即工薪所得减除费用标准）立法听证会的公告发布以后，收到听证申请4982件[5]。此次税收政策的调整是中国历次税收政策参与人数最多的一次，即便如此，参与制定政策的还是少数民众，与中位选民相去甚远。

---

[1] 国家税务总局税收科学研究所编：《中国税务辞典》，中国税务出版社，2000。
[2] 朱俊福主编：《税收执法风险防范与控制》，甘肃人民出版社，2012。
[3] 刘剑文著：《财税法原理、案例与材料》，北京大学出版社，2013。
[4] 在这次听证中，税务决策部门最早的提案是1500元。但是，参加立法听证的近六成陈述人认为标准太低，有人建议1600元或2000元，也有提议2500元或3000元的。这是中国税收政策制定过程中第一次尝试性的民主立法活动。
[5] 马学思著：《中西税收文化论纲》，新华出版社，2007。

3.2.2 中国经济增长背后的收入分配

按照基准模型，再分配的过程是财富由高收入群体向低收入群体转移的过程。按照这个逻辑，一个国家若收入差距悬殊，理论上讲，应该采取更多的再分配政策，致力于再分配的所得税税收占比应该比较高。同时，较多的再分配政策能够起到平衡收入差距的结果。但是，在中国社会收入差距不断攀升的背景下（见图 3.3），为何所得税，或者说个人所得税占比却远远低于发达国家？要理解这些，我们需要进一步了解经济增长带来的财富的分配，以了解所得税的税基的变化。

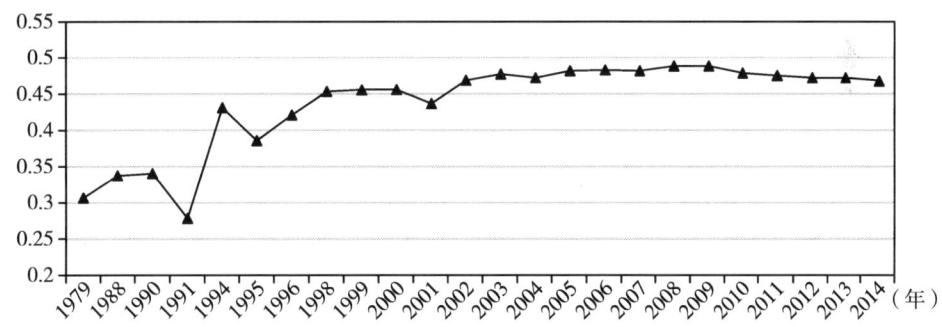

图 3.3　中国历年基尼系数变化

资料来源：2003 年之前的基尼系数来自高宏德、方玉兰编著：《经济社会常用数据手册》，成都：成都时代出版社，2006 年版。2003 年之后的来自《人民网》，http://politics.people.com.cn/n/2013/0118/c1001-20253603.html。

表 3.1 统计了 2000~2016 年国民收入在政府、企业和居民三个部门的变化情况①。从 21 世纪的 17 年数据，我们可以看到中国国民收入分配变化的一个缩影。从绝对值来看，在中国经济飞速增长的背景下，各个部门可支配收入的绝对值都在迅速增加。然而，如果我们看经济增长这块蛋糕在不同部门之间的分配，可以看到：2000~2016 年，企业部门可支配收入占国内总支配收入的比重从 **17.94%** 增加至 **20.01%**，政府部门可支配收入比重从 **14.53%** 增加至 **17.89%**，而居民收入占比却从 **67.54%** 下降至 **62.10%**。也就是说，从这 17 年的数据来看，国民收入是从居民部门向企业部门和政府部门转移。经济增长创造的财富

---

① 这里是按照新的资金流量表计算的数据，由于 1992~2000 年的资金流量表尚未更新，因此只计算了 2000 年之后的情况。

更多地转化成了企业的留存利润和政府的储蓄,即中国经济增长遵循的是"低收入—高增长"路径。

表 3.1　　　　　　　　国民收入在三部门的变化情况

年份	可支配总收入（亿元）	企业部门可支配收入（亿元）	政府部门可支配总收入（亿元）	住户部门可支配总收入（亿元）	企业部门占比（%）	政府部门占比（%）	住户部门占比（%）
2000	98523	17670.27	14314.06	66538.67	17.94	14.53	67.54
2001	108771.13	20581.61	16324.18	71865.34	18.92	15.01	66.07
2002	120170.41	23241.15	19505.94	77423.32	19.34	16.23	64.43
2003	136421.25	27205.98	21946.82	87268.45	19.94	16.09	63.97
2004	161348.78	36322.29	26517.58	98508.92	22.51	16.43	61.05
2005	185572.36	40088.52	32573.69	112910.16	21.60	17.55	60.84
2006	218141.81	46990.55	39724.85	131426.42	21.54	18.21	60.25
2007	269243.21	59492.49	51192.09	158558.63	22.10	19.01	58.89
2008	319027.49	72557.12	60544.07	185926.31	22.74	18.98	58.28
2009	342482.49	72576.78	62603.34	207302.37	21.19	18.28	60.53
2010	402513.71	85275.72	74116.25	243121.74	21.19	18.41	60.40
2011	470145.44	94169.65	90203.21	285772.58	20.03	19.19	60.78
2012	518431.55	95731.28	101301.11	321399.16	18.47	19.54	61.99
2013	582656.90	115167.60	110376.00	357113.40	19.77	18.94	61.29
2014	644879.28	132195.09	121574.23	391109.95	20.50	18.85	60.65
2015	685655.86	135840.51	127186.14	422629.21	19.81	18.55	61.64
2016	739961.86	148058.60	132368.52	459534.74	20.01	17.89	62.10

资料来源:《中国统计年鉴》资金流量表(实物交易)。

中国经济增长背后的收入分配问题的第二个方面是中国再分配收入政策的效果。在中国特殊的经济制度和政治制度下,资源是否的确如政策制定的初衷,将资源由高收入群体转移到低收入群体或者中产阶级?如若不是,也会极大地降低社会对于再分配政策的偏好，同时也降低了对所得税的征税激励。

改革开放以来，中国产生了大批亿万富翁，另一个基本事实是，财富源源不断地向政府、向资方、向垄断行业手中集中（张银平，2013）[①]。制度的不完善产生了大量的寻租机会，也扭曲了再分配制度的效果。詹姆斯·布坎南曾指出，现代社会制度变迁为寻租提供了许多在19世纪早期所没有的机会，而且制度变迁还会继续下去。他认为，寻租活动与政府在经济中活动范围的大小直接相联系，与公共部门的相对规模直接相关[②]。戈登·塔洛克（1999）也指出，寻租研究纲领基本上都遵循着公共选择的传统。寻租的公共选择性质表现在仅财富转移的可能性就会吸引寻租和护租支出，这种支出决定财富转移后果的性质[③]。

在财富转移的过程中，随着寻租活动的不断出现，出现了"权贵经济"这个词。"权贵经济"是权贵者借助经营者实现权力寻租，经营者依傍权贵获取超额利润，高速敛聚财富，这可以从消费中得到体现[④]。据世界奢侈品协会的《中国奢侈品十年报告》，中国奢侈品年消费总额由2002年的35亿美元增长至2011年的126亿美元（不包括私人飞机、游艇与豪华车），增幅高达2.6倍。2011年，中国的奢侈品消费总额占全球年消费总额的28%，成为全世界奢侈品消费占有率最大的国家[⑤]。然而，中国人均GDP却仍在百位之后，不仅仍有大量的贫困人口，还有数以亿计的人群背负住房难、看病贵、学费高等新的"三座大山"，社会财富趋于两极化。

居民收入增长滞后于经济增长，所得税税基较窄。加上社会财富的两极化，使得民众易于归咎于再分配政策的失灵，或者说再分配政策"不够给力"，使得再分配政策不够具有吸引力，同时也降低了对所得税的预期。这是中国国情与基准模型之间的第二个偏离。基准模型的整个框架是基于再分配政策的税收规模，而中国经济增长的现实却是财富由居民部门转移到了政府部门和企业部门，应该致力于降低居民内部收入差距的再分配表现也差强人意，这也从第二个角度解释了中国的个人所得税增长之谜。

[①] 张银平主编：《纵览中国经济：名家论改革》，安徽人民出版社，2013。
[②] 方福前：《公共选择理论——政治的经济学》，中国人民大学出版社，2000年。
[③] 塔洛克：《寻租——对寻租活动的经济学分析》，李政军译，西南财经大学出版社，1999。
[④] 人民论坛编：《第一言论：关于中国焦点问题的战备思考（精华版）》，国家行政学院出版社，2011。
[⑤] 荆林波主编，林诗慧、王雪峰副主编：《中国商业发展报告2011~2012》，社会科学文献出版社，2012。

3.2.3　中国的税收动力是再分配吗

国家征税的目的是提供公共服务，但是财政支出的用途不同，决定了对应收入来源的种类不同。若一国财政支出倾向于社会福利支出以解决收入差距问题，所得税占比会较高；若一国的财政支出倾向于提供全民性的公共服务，用于调节社会收入公平的所得税占比会较低。财政支出的倾向体现了征税的动力，我们可以从改革开放以来中国的支出结构出发，一窥中国近30多年来征税的逻辑。

经济起飞阶段，各国发展阶段基本类似。19世纪末，一些拉美国家开始启动现代化进程；20世纪50年代，大多数拉美国家先后进入了现代化的起飞阶段。一些拉美国家全面推进工业化，各国政府集中全国的资源，重点和优先发展与工业化相关的基础设施，并大力投资制造业（陆伟芳，2012）[①]。在这个阶段，国家尚没有财力进行社会福利建设，经济发展的重点基本都是与工业化相关的基础设施建设。

改革开放以前，中国还处在计划经济时代，社会主义建设在全国上下轰轰烈烈地进行着，对于民族来讲，国家集中全国资源进行工业化建设，是当时最为理性的选择。1964年6月6日，中央召开工作会议讨论第三个五年计划期间，毛泽东初步提出要加快搞"三线建设"[②] 的思想。1964年8月中旬，中央书记处举行会议决定集中力量建设"三线"。"三线建设"前后持续12年之久，国家动员和集中全国的资源在"三线"所处的中西部地区进行了大规模的交通运输建设、工业基地建设和国防工业建设（中国特色社会主义经济发展道路课题组，2013）[③]。在建设资金、物资和技术力量都比较缺乏的情况下，为集中全国的资源和力量，迅速建立起国家工业化的基础和独立的比较完整的国民经济体系，对于保证国家安全和维护民族独立，改变旧中国"一穷二白"的面貌，起到了非常积极的作用。

改革开放之后，随着国家财力的逐步强大，社会福利建设逐步发展。但是，尽管如此，致力于再分配的社会福利支出在中国财政支出结构中的比重并不高。

---

① 陆伟芳著：《世界视野中的扬州区域社会发展》，社会科学文献出版社，2012。
② 三线建设，指的是自1964年起中华人民共和国政府在中国中西部地区的13个省、自治区进行的一场以战备为指导思想的大规模国防、科技、工业和交通基本设施建设。
③ 中国特色社会主义经济发展道路课题组：《中国特色社会主义经济发展道路》，中央文献出版社，2013。

图 3.4 统计了中国 1995~2005 年的经济建设费、社会文教费、国防费、行政管理费、科研支出、抚恤和社会福利支出的变化情况。可以看到，在这期间，财政支出的重点是经济建设和社会文教，这两类支出不仅远远高于社会福利支出，年增长率也较高。相比之下，社会福利支出不但金额较少，增长也比较缓慢。即便 2007 年之后（见图 3.5）社会保障支出有了较为显著的发展，但与其他类型支出相比，仍然占比较低。

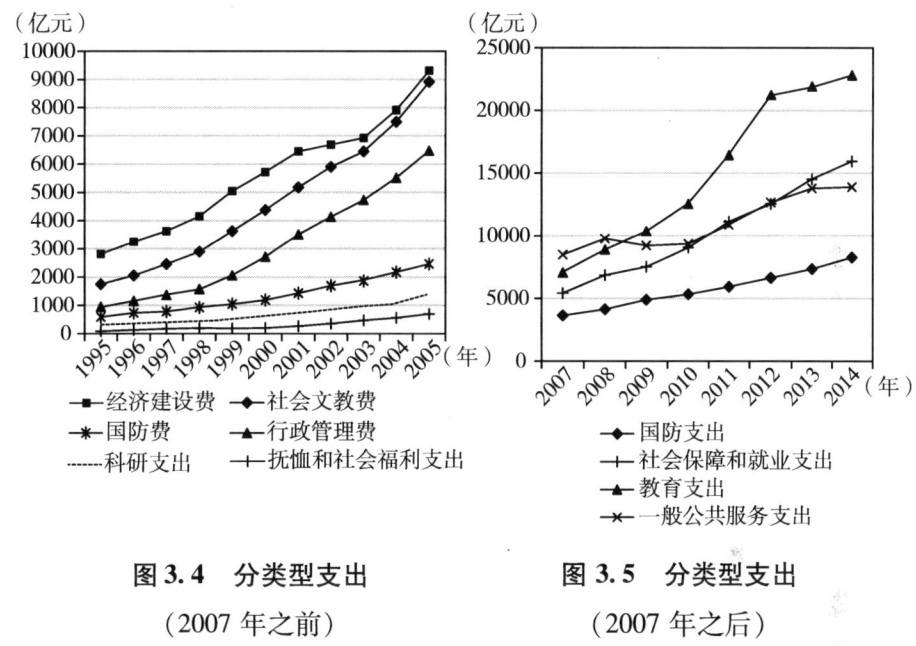

图 3.4　分类型支出　　　　图 3.5　分类型支出
（2007 年之前）　　　　　　（2007 年之后）

注：与以往年份相比，2007 年财政收支科目实施了较大改革，特别是财政支出项目口径变化很大，与往年数据不可比。从 2007 年起财政支出采用新的分类指标。因此，在此将 2007 年之前和之后的分开进行比较。

资料来源：2007 年之前的数据来自 EPS 数据平台中国宏观经济数据库。2007 年之后的数据来自国家统计局数据中心。http：//data.stats.gov.cn。

图 3.6 统计的是"十一五"时期中国各项建设累计投资完成额。"十一五"时期，中国的基础设施建设步伐明显加快，城镇基础设施累计完成投资 22.1 万亿元，年均增长 21.8%。其中，铁路运输业累计投资 22688 亿元，年均增长 46.0%；城市公共交通业累计投资 7543 亿元，年均增长 37.1%；水利、环境和公共设施管理业累计投资 6.9 万亿元，年均增长 28.7%；电力、燃气及水的生产和供应业累计投资 5.6 万亿元，年均增长 15%；卫生、社会保障和社会福利业累计投资 6248.3 亿元，年均增长 27.1%。在我们统计的五类投资中，社会福利投资明显低于其他四类，仅占总基础设施累计投资的 2.83%。

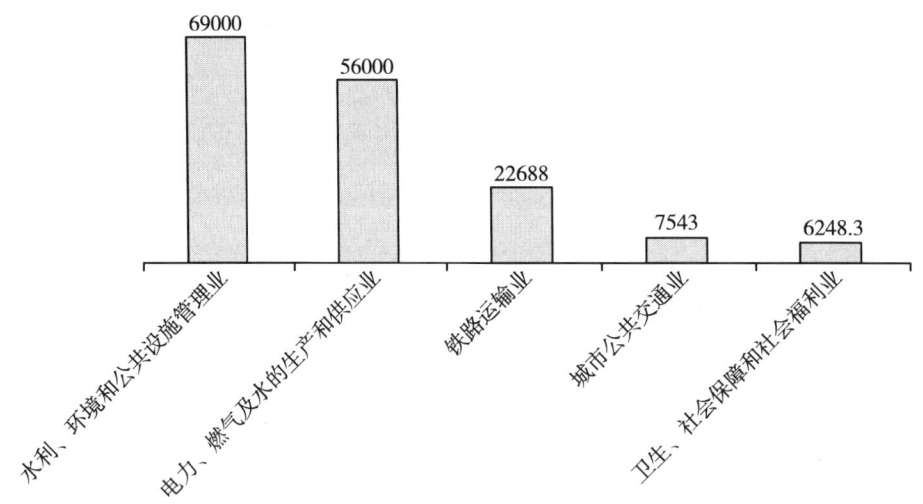

图 3.6　"十一五"时期各项建设累计投资完成额（亿元）

资料来源：根据中国社会科学院工业经济研究所编，中国工业发展报告 2011：中国工业的转型升级，北京：经济管理出版社，2011.10，第 153～154 页整理。

可以看到，无论是从国际经验的角度，还是中国改革开放之前、改革开放之后，或是"十一五"时期中国财政支出结构的角度，起飞阶段的经济体几乎无一例外都是优先发展工业，集中力量、资源进行有益于工业和制造业发展的基础设施建设。只有当经济发展到一定程度时，才开始进行社会福利建设，来解决社会公平问题。进入 21 世纪之后，中国的福利建设逐步发展，但是与其他类型的支出相比，社会福利支出占比依旧不算高。这也从侧面解释了为什么这段时期用于社会福利筹资的所得税在中国财政收入中占比不高。国家对福利支出的需求决定了对所得税需求的多少，当福利支出需求较低时，所得税占比自然较低。当我国经济发展到一定时期，国家基础设施基本完善，对教育、医疗等的投资达到一定水平，自然也要开始解决社会公平问题。我国已经逐步进入这一阶段，从这一角度讲，随着对社会福利支出需求的增长，所得税也会随之增加。

3.2.4　个人所得税在中国公共服务融资中的地位

在上一部分，我们从支出结构的角度分析了对所得税的需求。这里我们将从收入的角度，探讨个人所得税在中国为公共服务融资的收入中所发挥的作用。

在税收决策的标准框架中，政府只负责对其开支融资。Besley & Persson（2014）指出，贫穷国家税收低的一个原因在于许多国家接受了大量的外国援助，这些援助在 GDP 中占据相当大的份额，常常比国内税收还要多[①]。另外，流向最贫穷国家的外来援助更多。例如，根据世界发展指数，1962~2006 年，外来援助占低收入国家总收入的平均份额大约在 10% 左右。获得外来援助降低了这些国家采取措施增加国内税收的激励。

这一观点在自然资源相对丰富的国家得到了进一步证实，这些国家的税收可以采取使用费的方式。2000 年，在低收入国家中，大约四分之一的国家石油出口收入超过了 GDP 的 20%。在经济严重依赖于初级产品的国家，外援的比重仍然很大。对于那些有大量其他收入来源的国家，来源于宽税基（比如增值税和所得税）的税收要比其他国家低。为了支持这一观点，Jensen（2011）的研究表明，在政府总收入中，自然资源租金每增加 1%，税收占 GDP 的份额就会降低 1.4%[②]。尽管我们知道这些研究不能完全让人信服，但是大量的外国援助和丰富的自然资源完全有可能弱化从国内征税的激励。

不考虑外国援助的情况下，一般来说，为公共服务的融资来源有以下三类：税收融资、债务融资以及自然资源。在中国，这三者都发挥着重要作用。税收为公共服务融资提供了稳定的、可靠的、透明的财源；债务融资正以各种方式在发挥作用；房地产市场催生的土地出让金也成了大量地方政府的收入来源。表 3.2 统计的是中央政府的债务收入。可以看到，政府债务收入构成了中国政府收入的重要部分，且规模不断增长，2018 年的中央政府债务规模较 2005 年增长了 116993.19 亿元。

表 3.2 中央政府债务收入

年份	中央财务债务余额（亿元）	国内债务（亿元）	国外债务（亿元）
2005	32614.21	31848.59	765.52
2006	35015.28	34380.24	635.02
2007	52074.65	51467.39	607.26
2008	53271.54	52799.32	472.22

---

① Besley, Timothy, and T. Persson, Why Do Developing Countries Tax So Little?, Journal of Economic Perspectives, 2014 (28): 99–120.

② Jensen, Anders, "State-Building in Resource-Rich Economies." Atlantic Journal of Economics, 2011, 39 (2): 171–193.

续表

年份	中央财务债务余额（亿元）	国内债务（亿元）	国外债务（亿元）
2009	60237.68	59736.95	500.73
2010	67548.11	66987.97	560.14
2011	72044.51	71410.80	633.71
2012	77565.70	76747.91	817.79
2013	86746.91	85836.05	910.86
2014	95655.45	94676.31	979.14
2015	106599.59	105467.48	1132.11
2016	120066.75	118811.24	1255.51
2017	134770.15	133447.43	1322.72
2018	149607.40	148208.60	1398.80
2018~2005	116993.19	116360.01	633.28

资料来源：EPS 数据分析平台：《中国宏观经济数据库——年度数据（全国）》。

除了显性债务，名目众多的隐性债务也是中国政府融资的来源。根据国家审计署于 2013 年 12 月 30 日发布的《全国政府性债务审计结果》公告（2013 年第 32 号）。截至 2013 年 6 月底，全国各级政府负有偿还责任的债务 206988.65 亿元，负有担保责任的债务 29256.49 亿元，可能承担一定救助责任的债务 66504.56 亿元。其中，地方政府债务余额高达 17.89 万亿元，相比于 1997 年的 0.29 万亿元，翻了 61 倍，年均增幅达 28.38%（缪小林、程李娜，2015）[1]。从如此庞大的债务规模和如此快速的增长率来看，不难得出结论，在过去的几十年间，债务融资在为我国公共服务融资方面发挥了极其重要的作用。

除了依靠债务融资，在过去的几十年里，尤其是近十几年，另外一项重要的自然资源，即土地，也在中国的公共服务融资中发挥着举足轻重的作用。2002 年 7 月 1 日，我国正式施行了《招标拍卖挂牌出让国有土地使用权规定》，即"国有土地招拍挂制度"，对所有经营性土地一律按市场公开竞价出让，土地出让所得，即我们常说的"土地出让金"，成为地方政府的重要收入来源。土地出让金规模在 2002 年当年就比 2001 年翻了一番，2003 年又在 2002 年的基础上再翻一

---

[1] 缪小林、程李娜：《PPP 防范我国地方政府债务风险的逻辑与思考——从"行为牺牲效率"到"机制找回效率"》，《财政研究》2015 年第 8 期。

番，此后一路持续上涨，规模越来越大（高洁，2013）①。从1999年的79.55亿元，一路狂飙至2014年的42605.9亿元，增幅达534.59倍。2014年，中国政府土地出让金收入高达42605.9亿元，占当年国内生产总值的6.7%（见表3.3）。

表3.3　　　　　　　　中国的政府土地出让金收入

年份	政府土地出让收入（亿元）	年份	政府土地出让收入（亿元）
1999	79.55000	2010	29397.98000
2000	3.78000	2011	33478.91078
2006	1650.00000	2012	28892.30000
2007	7272.18000	2013	41249.52000
2008	9737.00000	2014	42605.90000
2009	14257.02000	2014~1999	42526.35000

资料来源：CEIC。

个人所得税在中国整个税收体系中处于较低的地位。在中国的税收结构中，主要依赖的是流转税（见图3.7）。营业税、增值税和国内消费税三税占总税收收入的比重，基本都维持在50%以上。在所得税体系中，企业所得税为主体，且企业所得税占中国税收收入的比重逐年增加，从1999年的7.6%，增加至2014年的20.67%，增幅达13个百分点。个人所得税的重要性虽然一直在提升，但基本保持在6%左右，且近些年还有下降的趋势。

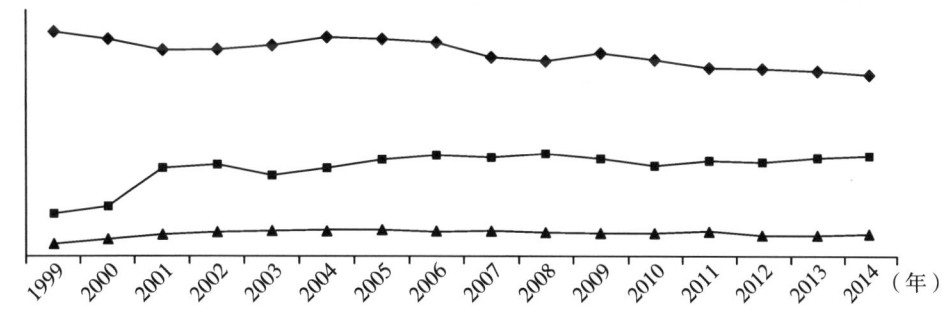

图3.7　历年中国税收收入结构

资料来源：中经网统计数据库。

---

① 高洁著：《基于农民权益保护的集体土地征收与流转研究》，湖北人民出版社，2013。

综合以上分析，我们看到，在中国公共服务融资的来源中，债务、土地租金和税收基本呈"三足鼎立"的态势。在税收体系中，以流转税为主体，所得税为辅。所得税中，主要的来源是企业所得税，且占比不断上升，个人所得税在中国公共服务的融资中所占份额较少。

3.2.5 中国的逃避税

本部分，我们将分析中国国情与基准模型的最后一个偏离情况：逃避税。基准模型基于完备的经济环境和政治制度，提供了可供参考的标杆。但是，在现实生活中，并不是所有的可税收入都可以转化为政府的税收收入，我们需要考虑税收征管的问题。

在中国经济腾飞的进程中，不仅正规经济蓬勃发展，非正规经济也构成了中国国民经济的重要组成部分。中国人民大学农业与农村发展学院、美国加利福尼亚大学洛杉矶校区历史系教授黄宗智在主题为"中国非正规经济"的2010年10月16日至17日在北京大学召开的第八届开放时代论坛指出，"对中国的发展经验来说，过去的研究要么强调企业公司和相关法律所起作用，要么强调地方政府所起作用，而我认为，真正关键的既不简单是公司，也不简单是地方政府，而是两者之间比较独特的关系。它们之间关系的要点在于非正规经济实践，以及伴之而兴起的非正规经济"[①]。世界银行（2010）认为，非正规经济之所以形成和存在，主要是由于其从业人员为了避免纳税而不在有关机构登记[②]。大量非正规经济的存在使得我国逃避税规模较大，个人所得税税收流失明显[③]。

表3.4列举了已有研究估算的我国个人所得税流失规模。咸春龙（2012）的测算结果是，1995~2009年，我国个人所得税的流失规模从123.82亿元增长至4451.82亿元，个税流失率在47%~68%。刘黎明、刘玲玲（2005）测算的

---

① 黄宗智、李强、潘毅、刘世定、胡鞍钢、郭伟和、张勇、万向东等：《中国非正规经济》，《开放时代》2011年第1期。
② Friedrich Schneider, Andreas Buehn, and Claudio E. Montenegro, "Shadow Economies All over the World: New Estimates for 162 Countries from 1999 to 2007," Policy Research Working Paper 5356, The World Bank, July 2010.
③ 根据国际惯例，个人所得税占税收总额比重至少为15%，然而2014年我国个税占税收总额不到6%，这意味着存在上万亿元的个人所得税流失。不少税务干部表示，由于现金交易管控、信息分享平台等方面的阻碍，当前无论国税还是地税，征税还停留在"以票控税"的层面，远未达到"信息控税"的时代要求。无论法人还是自然人的收入、支出情况都难以掌控，带来征管能力不足，给隐瞒收入、逃缴税款留下很大操作空间。

个税流失率规模更大，测算的1995年的个税流失率达到86.48%，之后虽然逐步下降，2002年的个税流失率仍然保持高位，达到57.88%。

表3.4　　　　已有学者研究得到的中国个人所得税流失规模

年份	咸春龙（2012）		刘黎明、刘玲玲（2005）
	个税流失规模（亿元）	个税流失率（%）	个税流失率（%）
1995	123.82	48.4	86.48
1996	290.11	60.05	82.31
1997	398.08	60.49	84.77
1998	468.02	58.07	82.00
1999	630.77	60.37	80.07
2000	1104.24	68.41	75.73
2001	1177.16	54.17	73.60
2002	1882.28	60.85	57.88
2003	2674.25	65.37	
2004	3358.25	65.92	
2005	4584.66	68.65	
2006	2237.23	47.69	
2007	3082.97	49.18	
2008	3152.65	45.86	
2009	4451.82	52.99	

资料来源：温思美主编，咸春龙著：《中国个人所得税流失及其成因研究》，北京：中国经济出版社，2012年版。刘黎明，刘玲玲：《我国个人所得税流失的规模测算》，《财政研究》2005年第4期。

中国个人所得税之所以有较大的增长是因为过去30多年，在中国经济腾飞过程中，大量非正规经济发挥着至关重要的作用。黄宗智（2010）的研究表明，2008年，中国非正规经济人员的总人数高达6.5亿人，占2008年国民经济就业人员的84%[①]。胡鞍钢、赵黎（2006）也对中国的非正规经济进行了研究，认为城镇非正规部门产出的高增长对全国新增GDP增长的贡献率在1990~2004年期间为44%[②]。大量的非正规经济以个体经营、个体工商户的形式存在，该类所得

---

① 黄宗智：《中国发展经验的理论与实用含义——非正规经济实践》，《开放时代》2010年第10期。
② 胡鞍钢，赵黎：《我国转型期城镇非正规就业与非正规经济（1990—2004）》，《清华大学学报：哲学社会科学版》2006年第3期。

由于成本费用扣除的灵活性，加上现金交易，以及地方政府主要重点在于追求经济发展，对逃避税问题不会过于严重惩处。因此，非正规经济实践伴随着的个人所得税流失，构成了我国个人所得税一直占税收收入比重较小的又一个原因。

3.3　本章小结

在本章，我们借鉴 Meltzer & Richard（1981）的模型，建立了税收增长（政府规模扩张）的基准模型，在此基础上，基于中国的现实，探讨中国国情与基准模型的偏离，从理论的角度对中国的个人所得税增长进行了分析。具体结论如下。

第一，基准模型的结论是：在民主制度下，税收政策由中位选民决定。最终税收规模（政府规模）的大小，取决于中位选民收入和平均收入之间的差距。若中位选民收入低于平均收入，即社会收入服从右偏分布，那么当中位选民收入越低时，就会倾向于更多再分配的税收政策，税收收入也会越高。最近一百年，随着投票权的扩大，越来越多的低收入人群进入中位选民，中位选民与平均收入之间差距变大，这也是西方国家政府规模不断扩大的原因。

第二，中国国情与基准模型的第一个偏离情况是：在中国，无论是税收法律、法规、规章还是规范性文件的制定，主要的税收政策制定者是全国人大、国务院、财政部和（或）国家税务总局。近些年，随着民众公民意识的增强，参与税收政策制定的民众不断增加。但是，即便如此，参与制定政策的还是少数民众，与中位选民相去甚远。

第三，按照基准模型，再分配的过程是财富由高收入群体向低收入群体转移的过程。一个国家若收入差距悬殊，理论上讲，应该采取更多的再分配政策，致力于再分配的所得税税收占比应该比较高，同时，较多的再分配政策能够起到平衡收入差距的结果。但是，在中国，经济增长的奇迹并没有完全体现在居民收入层面，财富由居民部门转移到了政府部门和企业部门，所得税税基较窄。另一方面，社会财富的两极化，使得民众易于归咎于再分配政策的失灵，或者说再分配政策"不够给力"，使得再分配政策不够具有吸引力，同时也降低了对所得税的预期，这也从第二个角度解释了中国的个人所得税增长之谜。

第四，财政支出的用途不同，决定了对应收入来源的种类不同。若一国财政支出倾向于社会福利支出以解决收入差距问题，所得税占比会较高；若财政支出倾向于提供全民性的公共服务，用于调节社会收入公平的所得税占比会较低。中国无论是从改革开放之前、改革开放之后，或是"十一五"时期中国财政支出结构的角度看，起飞阶段的经济体几乎无一例外都是优先发展工业，集中力量、资源进行有益于工业和制造业发展的基础设施建设。只有当经济发展到一定程度时，才开始进行社会福利建设，来解决社会公平问题。进入21世纪之后，中国的福利政策逐步完善，但是与其他类型的支出相比，社会福利支出占比依旧不算高。这也从侧面解释了为什么这段时期用于社会福利筹资的所得税在中国财政收入中占比不高。国家对福利支出的需求决定了对所得税需求的多少，当福利支出需求较低时，所得税占比也较低。

第五，在中国公共服务融资的来源中，较多地依赖土地资源、债务和流转税进行融资，降低了对所得税的依赖程度。在中国，债务融资和土地租金提供了大量的政府公共融资来源。在税收体系中，以流转税为主体，所得税为辅。所得税中，主要的来源是企业所得税。税收体系对流转税和企业所得税的依赖也降低了对个人所得税的需求。

第六，中国经济腾飞过程中，大量非正规经济发挥着至关重要的作用，这与非正规经济对应的逃避税问题一起构成了我国个人所得税一直占税收收入比重较小的又一个原因。大部分的非正规经济以个体经营、个体工商户的形式存在，该类所得由于成本费用扣除的灵活性，加上现金交易，以及地方政府主要将重点放在追求经济发展上，对逃避税问题不会过于严重惩处，造成了大量的个人所得税流失，这是中国个人所得税增长之谜的第五个谜底。

第 4 章 个税占比与中国经济增长：从劳动收入变化角度的考察

改革开放以来，中国经济经历了快速发展和结构变革。这种高速增长是否在居民收入上得到了充分体现，进而体现在个人所得税上？伍晓鹰（2014）指出，20 世纪 50 年代，中国以极低的人均收入水平支撑了超高的经济增长，中国存在一个"超低收入—超高增长"现象[①]。若此结论成立，且对后面 60 年中国的经济增长适用，则我们可以大胆得出如下结论：改革开放以来中国经济的高速增长并未在居民收入上得到充分体现，也就是说，中国个人所得税之谜的第一个谜底是居民收入并未伴随着宏观经济快速增长，传导至个人所得税上，体现为个人所得税增长的滞后。

4.1 中国经济增长的典型事实：居民收入增长滞后于经济增长

表 4.1 描绘的是 1979~2012 年中国城乡居民收入增长率和这 34 年间中国 GDP 的增长率。可以看出，在这 34 年间，城镇居民家庭人均可支配收入增长率比 GDP 增长率平均低 2.44 个百分点，农村居民收入增长更慢，比 GDP 增长率低 3.03 个百分点，整体城乡居民收入都落后于经济增长。

城乡居民收入增长率与国内生产总值增长率的差距从 1997 年开始逐步扩大。1997 年之前，在计划经济体制下，农村居民收入增长较快，大部分年份农村居民收入增长率都远超城镇居民家庭人均可支配收入增长率和国内生产总值增长

---

① 伍晓鹰：《中国工业化道路的再思考》，《比较》第 75 辑，吴敬琏主编，中信出版社，2014 年第 6 期。

率。随着中国市场经济的不断发展,城镇居民家庭收入增长明显,农村居民家庭收入增长却明显放缓。2000 年,城镇居民家庭人均可支配收入增长率为 7.28%,国内生产总值增长率为 10.63%,农村居民家庭收入增长率却仅为 1.95%,低于 GDP 增长 8.68 个百分点。1997~2012 年,城镇居民家庭人均可支配收入平均增长率为 10.73%,农村居民家庭人均纯收入平均增长率为 9.35%,分别比国内生产总值平均增长率低 2.76 和 4.14 个百分点。

表 4.1　　中国城乡居民收入增长和经济增长率

年份	城镇居民家庭人均可支配收入增长率(%)	农村居民家庭人均纯收入增长率(%)	国内生产总值增长率(%)	年份	城镇居民家庭人均可支配收入增长率(%)	农村居民家庭人均纯收入增长率(%)	国内生产总值增长率(%)
1979	17.94	19.91	11.44	1996	12.98	22.08	17.08
1980	17.93	19.41	11.90	1997	6.64	8.51	10.98
1981	4.77	16.78	7.61	1998	5.13	3.44	6.87
1982	6.97	20.90	8.88	1999	7.91	2.23	6.25
1983	5.47	14.70	12.05	2000	7.28	1.95	10.63
1984	15.50	14.69	20.93	2001	9.23	5.01	10.52
1985	13.34	11.91	25.10	2002	12.29	4.61	9.73
1986	21.89	6.59	14.04	2003	9.99	5.92	12.86
1987	11.23	9.16	17.40	2004	11.21	11.98	17.68
1988	17.77	17.79	24.78	2005	11.37	10.85	15.67
1989	16.41	10.39	13.17	2006	12.07	10.20	17.09
1990	9.92	14.10	9.85	2007	17.23	15.43	23.14
1991	12.61	3.25	16.62	2008	14.47	14.98	18.18
1992	19.17	10.64	23.62	2009	8.83	8.25	9.12
1993	27.18	17.55	31.24	2010	11.26	14.86	18.31
1994	35.65	32.49	36.41	2011	14.13	17.88	18.40
1995	22.50	29.21	26.15	2012	12.63	13.46	10.33
1979~2012 平均					13.56	12.97	16.00
1997~2012 平均					10.73	9.35	13.49

数据来源:国家统计局网站统计数据,http://data.stats.gov.cn。

按照李扬和殷剑峰（2007）的研究，初次分配地位下降是居民部门收入相对下降的主要原因，而在居民的初次分配收入中，劳动报酬占了70%还多①。依此推测，居民可支配收入增长缓慢可能与劳动收入所得下降有关。图4.1描绘的是中国、日本和美国劳动收入占比的情况。这里的劳动收入占比，按照现行的国民经济核算体系，是指《资金流量表（实物交易）》中劳动者报酬②占国内生产总值的比重，可进一步划分为工资及工资性收入和单位社会保险付款。可以看出，中国的劳动收入占比在改革开放初期，基本是47%左右，且随着改革进程的深入，在1988～1996年有比较稳定的增长。到20世纪90年代中后期，由于当时中国农村存在着大量的富余劳动力，大量农村劳动力进城务工，创造了巨大的社会财富，但由于市场竞争激烈，民工工资在2004年之前基本没有变化。出现明显下降趋势是从1996年开始，这是中国劳动力市场出现剧烈的结构性调整的时期③。城市开始大规模地出现企业富余职工下岗分流，对劳动工资产生了进一步向下的压力。到2007年，劳动收入占比低至44.06%，随后缓慢上升，保持在46%左右。

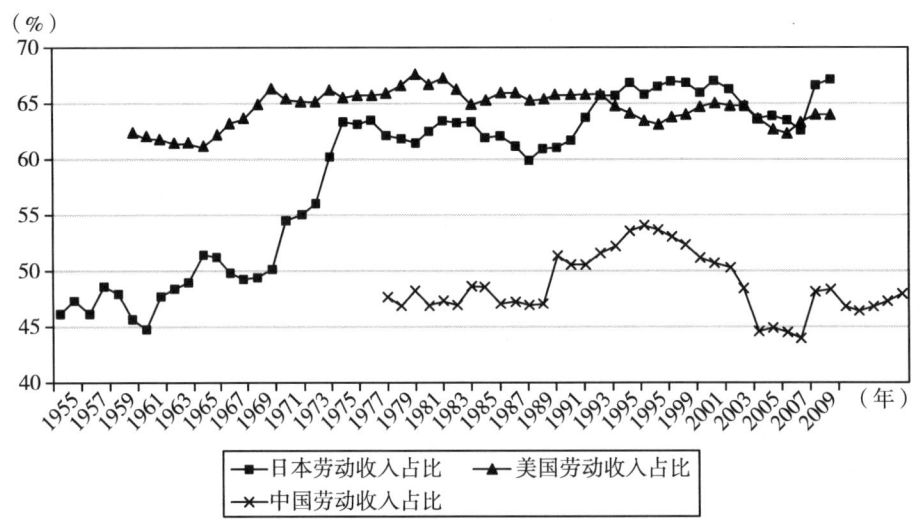

图4.1 中国、日本和美国的劳动收入占比

注：上述中国的劳动收入占比为各省劳动收入占比的简单平均；1993年之前，部分省市数据缺失，1993年之前的劳动收入占比为数据可得的部分省市的平均值。

资料来源：中国的数据来自CEIC，日本和美国的数据来自梁季：《劳动报酬占比的国际比较与分析》，《经济研究参考》2012年第45期。

---

① 李扬、殷剑峰：《中国高储蓄率问题探究》，《经济研究》2007年第6期。
② 按照《中国统计年鉴》的解释，"劳动报酬"是指劳动者因从事生产活动所获得的全部报酬，包括劳动者获得的各种形式的工资、奖金和津贴，既包括货币形式的，也包括实物形式的，还包括劳动者所享受的公费医疗和医药卫生费、上下班交通补贴、单位支付的社会保险费、住房公积金等。
③ 陆铭：《劳动收入占比下降：为什么？怎么办？》，《上海证券报》2008年9月9日第B06版。

从国际比较来看，中国的劳动收入占比，低于世界上的大多数国家。据Gollion（2002）[①]研究，世界上多数发展中国家和发达国家的劳动收入占比大致为55%~65%。1996~2006年，23个OECD国家劳动报酬占比总体上处在55%~65%，极少数国家劳动报酬占比低于50%（意大利、墨西哥和希腊）或超过70%（挪威）（梁季，2012）[②]。

从其他国家的经验来看，日本在其经济发展的早期，劳动收入占比和今天的中国比较接近，1955~1961年，作为日本第一次高速经济增长时期，年均经济增长率高达10.8%，此时，日本劳动收入占比为45%~50%。到第二次日本经济高速增长时期，从1969年开始，日本的劳动收入占比出现了大幅度的上涨，直至增长至1975年的63.5%，且后来一直保持在60%以上。同样可以看出，在美国经济的高速发展阶段，其劳动收入占比也在不断上升。与之相反，中国劳动收入占比却随着经济增长在下降。

对于中国劳动收入占比下降的原因，已有学者从多个角度进行了解释。罗长远、张军（2009a）运用1987~2004年省级面板数据对中国劳动收入占比下降的事实进行了实证研究，发现FDI、经济发展水平以及民营化都不利于劳动收入占比的改善[③]。罗长远、张军（2009b）则发现产业结构变化加剧了劳动收入占比的波动[④]。罗长远（2014）对中国劳动收入占比下降的解释包括：产业演进是劳动收入占比步入下行通道的主要驱动力，民营化是促使劳动收入占比下降的主要因素，其他因素如金融资源的配置、全球化、比较优势形态与要素流动不匹配等综合导致了中国劳动收入占比的下降[⑤]。

虽然学者们对我国劳动收入占比的变化已有较多的探讨，但是鲜有将这一机制进一步用于税收的变化研究，本章将沿着劳动收入变化的视角，尝试探讨中国经济增长与个人所得税占比变化之间的关系。

[①] Gollin, D., 2002, Getting Income Shares Right, Journal of Political Economy, 110 (2), pp. 458–475.
[②] 梁季：《劳动报酬占比的国际比较与分析》，《经济研究参考》2012年第45期。
[③] 罗长远、张军：《劳动收入占比下降的经济学解释——基于中国省级面板数据的分析》，《管理世界》2009年第5期。
[④] 罗长远、张军：《经济发展中的劳动收入占比：基于中国产业数据的实证研究》，《中国社会科学》2009年第4期。
[⑤] 罗长远：《中国劳动收入占比变化的趋势、成因和含义》，格致出版社，2014。

4.2 中国个税占比与经济增长：实证检验

4.2.1 变量选择和数据说明

为进一步分析中国个税收入占比与劳动收入变化、经济增长之间的关系，我们将进一步采用面板数据模型进行量化分析。

本书采用的是 1998～2014 年的省级面板数据。数据主要来自 EPS 统计平台中国宏观经济数据库（分地区）和中国财政税收数据库（分地区）。

本书研究的主要变量包括：个税收入占比，以每个省每年个人所得税税收收入占总税收收入的百分比来衡量；参考罗长远、张军（2009）[1]的做法，我们构造了两个劳动收入占比指标：一是以劳动者报酬占地区生产总值的百分比来衡量；二是从 GDP 中减去生产税净额之后劳动者报酬所占的份额（%）。中国的经济增长水平以人均 GDP 取自然对数来衡量。

除了上述主要核心变量，我们还控制了政府消费支出占全部支出的比重，Diwan（2000）的研究表明，政府财政支出增加有利于贫穷国家劳动收入占比的上升[2]。这有利于提高个人所得税的税基。衡量产业结构的第二产业就业人数占比、第三产业就业人数占比，衡量非正规经济的私营经济就业人数占比，衡量全球化水平的进出口占比和外商投资占比。

4.2.2 模型设定

本书实证研究所采用的基准模型如下：

$$tax_{it} = \alpha_0 + \alpha_1 laborincome_{it} + \alpha_2 gdp_{it} + \alpha_3 X_{it} + \varepsilon_{it}$$

在上述方程中，其中 i = 1，2，3……代表省份，t = 1，2，3……代表年份，tax 为个税占税收收入的比重，laborincome 为劳动收入占比，由第 2 章的结论可

---

[1] 罗长远：《中国劳动收入占比变化的趋势、成因和含义》，格致出版社，2014。
[2] Diwan, 2000, "Labor Shares and Globalization", Working Paper, World Bank.

知,个人所得税税收收入60%来自工薪所得税,工薪所得的税基主要为劳动者收入,因此,预计劳动收入占比的系数为正。GDP为人均地区生产总值,经济增长水平增高,个人所得税的税基便会增加,与此同时,其他税收也会随着经济增长而增加。个人所得税税收收入占总税收收入的比重取决于不同税收增加的相对水平,这既与税制有关,也与经济结构有关。

X包括了政府消费(%)、第二产业就业人数占比(%)、第三产业就业人数占比(%)、私营经济就业人数占比(%)、进出口占比(%)和外商直接投资占比(%)。ε_{it}为误差项。

表4.2是上述变量的描述性统计。所有变量取值均在正常范围。个人所得税收入占比,劳动收入占比与前文总量计算的数值相一致。从基本统计来看,地区之间无论是税收结构、要素分配结构、经济发展水平,还是财政支出、产业结构以及全球化程度方面,都存在较大差异。从地区生产总值中扣除生产税净额后,劳动收入占比的均值从48.39增加至56.36。

表4.2　　　　　　　　　主要变量的描述性统计

变量	变量说明	观察值	均值	方差	最小值	最大值
个税收入占比(%)	个税收入/总税收收入×100	527	5.64	2.60	2.16	33.97
劳动收入占比(%)	劳动者报酬/地区生产总值×100	527	48.39	7.87	29.82	69.79
劳动收入占比1(%)	劳动者报酬/(地区生产总值-生产税净额)×100	527	56.36	8.41	32.93	84.88
ln人均GDP(元)	人均GDP取自然对数	527	9.71	0.85	7.77	11.56
政府消费(%)	政府消费支出占总支出比重	527	29.21	7.55	14.00	63.97
第二产业就业人数占比(%)	第二产业就业人数占总就业人数比重	403	22.23	9.38	4.91	47.98
第三产业就业人数占比(%)	第三产业就业人数占总就业人数比重	403	32.21	8.71	16.30	74.13
私营经济就业人数占比(%)	私营企业和个体企业就业人数占总就业人数比重	340	16.60	9.84	3.48	66.64

续表

变量	变量说明	观察值	均值	方差	最小值	最大值
进出口占比（%）	进出口总额×当年美元对人民币汇率/（地区生产总值×100）	527	30.73	39.16	3.16	168.08
外商直接投资占比（%）	外商直接投资×当年美元对人民币汇率/（地区生产总值×100）	434	2.62	2.45	0.06	13.53

注：描述性统计针对变量的原值，在实证检验时，部分变量稍有变形，或者取它们的自然对数，或者取其平方值。

4.2.3　模型估计结果

表 4.3 是对上述模型的初步估计结果。第（1）列至第（8）列，我们逐步增加了控制变量。从该结果可以看出，与预期相同，1998~2014 年，中国劳动收入占比与个税占比之间存在显著的正向关系，且该关系较为稳定，系数在 0.03~0.05 范围内波动。劳动收入占比每增加 1 个单位，个税占比增加 0.03~0.05 个单位。

对个税收入占比具有正向作用的第二个因素是产业结构，第二产业就业人数占比和第三产业就业人数占比越高，个税收入占比越大。其中，第二产业就业人数占比每增加 1 个百分点，个税收入占比便增加 0.103~0.0871 个百分点；第三产业就业人数占比每增加 1 个百分点，个税收入占比便增加 0.088~0.164 个百分点；第三产业对个税收入的正向促进作用高于第二产业。对此，我们认为：一是第三产业就业人数本身高于第二产业，2014 年，第三产业就业人数为 31364 万人，第二产业就业人数为 23099 万人。二是，第三产业行业的薪酬平均值高于第二产业。按照智联招聘公布的十大高薪职业，2015 年春季求职期，十大高薪行业分别为互联网/电子商务，中介服务，专业服务/咨询，通信/电信运营/增值服务，基金/证券/期货/投资，银行，信托/担保/拍卖/典当，IT 服务，保险以及房地产/建筑/建材/工程，这些行业，大部分都属于第三产业。

表 4.3　劳动收入占比与个税占比：初步估计结果

被解释变量：个人所得税收入占总税收入比重

	(1)	(2)	(3)	(4)	(5)	(6)	(7)	(8)
劳动收入占比	0.0153 (1.06)	0.0324* (1.89)	0.0233 (1.38)	0.0451*** (2.77)	0.0364** (2.56)	0.0401*** (2.82)	0.0477*** (3.70)	0.0475*** (3.68)
Ln 人均 GDP		0.291* (1.83)	0.120 (0.75)	0.191 (0.78)	-1.375*** (-5.43)	-1.359*** (-5.04)	-1.025*** (-4.15)	-1.037*** (-4.19)
政府消费			0.0726*** (4.82)	0.0166 (1.04)	0.0144 (1.03)	0.0190 (1.41)	0.0110 (0.90)	0.0123 (1.00)
第二产业就业人数占比				0.0871*** (4.96)	0.103*** (6.70)	0.104*** (6.46)	0.0459*** (2.85)	0.0433*** (2.64)
第三产业就业人数占比					0.164*** (11.29)	0.162*** (10.09)	0.0881*** (5.24)	0.0881*** (5.23)
私营经济就业人数占比						-0.0121 (-0.78)	-0.0294** (-2.08)	-0.0290** (-2.06)
进出口占比							0.0292*** (8.64)	0.0280*** (7.76)
外商直接投资占比								0.0480 (0.94)
常数项	4.904*** (6.94)	1.250 (0.59)	1.234 (0.59)	-0.533 (-0.22)	9.080*** (4.01)	8.802*** (3.66)	8.590*** (3.95)	8.646*** (3.97)
观察值	527	527	527	403	403	340	340	340

注：*** 代表 1% 的显著性水平，** 代表 5% 的显著性水平，* 代表 10% 的显著性水平。( ) 中为各系数 t 统计量。

对个人所得税税收收入占比具有正向作用的第三个因素是进出口。按照 Stolper – Samuelson（即 S – S 定理），劳动密集型国家通过出口劳动密集型产品，有利于收入分配向劳动要素倾斜。过去 30 多年，中国的经济增长在很大程度上依赖了这种模式，因此也就带来个税收入的增加。另外，外商直接投资对个税变化的影响不显著。

从表 4.3 的第 2 行可以看出，人均 GDP 与个税占比之间，是显著的负向关系。人均 GDP 每增加 1 个单位，个税占比会下降 1.025～1.375 个百分点，这与数据的描述性结果相对应（见图 4.2）。这一方面是劳动收入占比下降的结果。另一方面，从私营经济就业人数占比的估计结果来看，私营经济就业人数占比越高，个税收入占比越低。中国的经济增长过程中，私营经济和个体经济占据了相当大的比重，私营经济就业人数占总就业人数的比重平均达 16.60%（见表 4.2），私营经济和个体经济较易出现税收的流失，因此也会出现个税占比的下降。

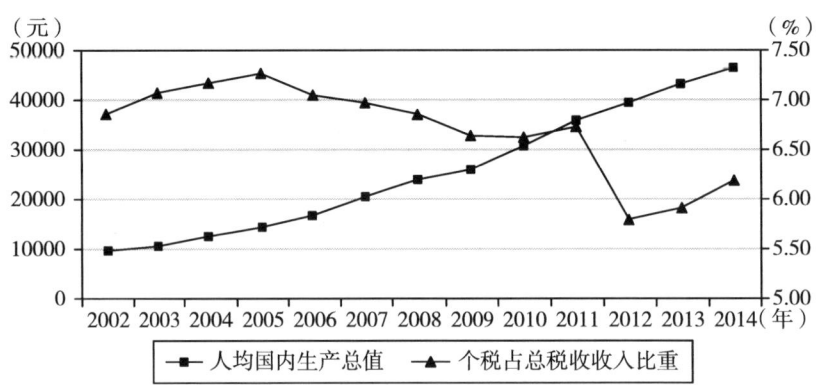

图 4.2　人均 GDP 与个税占比

为进一步验证上述劳动收入占比与个税占比之间的关系，本书参考罗长远、张军（2009）的做法，构造了另一个劳动收入占比指标，即从地区生产总值中扣除生产税净额之后劳动者报酬所占的比重。表 4.4 的第（4）列、第（5）列和第（6）列是控制变量为该新的劳动收入占比的估计结果。其中，第（1）列和第（4）列是混合 OLS 的回归结果，第（2）列和第（5）列是随机效应模型的回归结果，第（3）列和第（6）列是固定效应模型的回归结果，Hausman 检验的结果证明了固定效应模型的适用性。

表 4.4　劳动收入占比与个税占比：劳动收入占比的不同定义

	被解释变量：个人所得税税收收入占总税收收入比重					
	(1)	(2)	(3)	(4)	(5)	(6)
	Pooled	RE	FE	Pooled	RE	FE
劳动收入占比	0.0475*** (3.68)	0.0483*** (3.64)	0.0488*** (3.80)			
劳动收入占比1				0.0398*** (3.36)	0.0412*** (3.51)	0.0389*** (3.52)
Ln 人均 GDP	-1.037*** (-4.19)	-1.367*** (-5.16)	-0.624* (-1.90)	-1.084*** (-4.40)	-1.420*** (-5.40)	-0.704** (-2.15)
政府消费	0.0123 (1.00)	0.0191 (1.20)	0.0342* (1.78)	0.0163 (1.32)	0.0210 (1.31)	0.0315 (1.64)
第二产业就业人数占比	0.0433*** (2.64)	0.0743*** (3.35)	0.0450 (1.39)	0.0442*** (2.67)	0.0758*** (3.38)	0.0453 (1.39)
第三产业就业人数占比	0.0881*** (5.23)	0.0925*** (3.74)	-0.0692 (-1.62)	0.0889*** (5.26)	0.0938*** (3.77)	-0.0630 (-1.47)
私营经济就业人数占比	-0.0290** (-2.06)	-0.0339** (-2.13)	-0.0264 (-1.59)	-0.0292** (-2.06)	-0.0341** (-2.13)	-0.0263 (-1.57)
进出口占比	0.0280*** (7.76)	0.0164*** (3.36)	-0.0281*** (-3.92)	0.0276*** (7.65)	0.0159*** (3.24)	-0.0281*** (-3.91)
外商直接投资占比	0.0480 (0.94)	0.180*** (2.87)	0.170** (2.29)	0.0497 (0.97)	0.180*** (2.87)	0.167** (2.24)
常数项	8.646*** (3.97)	10.83*** (4.93)	10.59*** (4.87)	9.000*** (4.11)	11.24*** (5.20)	11.40*** (5.41)
Hausman 检验			81.62			79.88
观察值	340	340	340	340	340	340

注：Pooled 表示混合最小二乘回归模型，FE 表示固定效应模型，RE 表示随机效应模型。*** 代表1%的显著性水平，** 代表5%的显著性水平，* 代表10%的显著性水平。( ) 中为各系数 t 统计量。

可以看出，无论采取哪一个劳动收入占比的指标，劳动收入占比与个税占比之间都存在显著的正向关系，两个劳动收入占比指标的回归系数也较为接近，都是在 0.04 左右。人均 GDP 与个税占比之间仍是显著的负向关系。第二产业与第三产业就业人数占比与个税占比仍是显著正向关系。私营经济就业人数占比仍然显著为负。

与前文估计结果不同的是，控制了时间固定效应之后，进出口占比与个税占比之间呈显著的负向关系，外商直接投资占比与个税占比之间是显著的正向关系。对于此，我们认为，一方面，由于对外贸易企业相比内资企业享受了一定的税收优惠政策，因此上缴个税较少；另一方面，外商直接投资的增加能够带来较多的就业机会，能够带来税基的增加。

4.2.4　子样本分析结果

从历年个人所得税税收收入占总税收收入的比重变化趋势来看，我国个税占比的变化可以分为明显的两段：1980～2006年的上升期和2006年之后的缓慢下降期（见图4.3）。由图4.1可知，中国的劳动收入占比也是经历了一个先上升后下降的变化趋势，那么在这两段时期，个税收入占比这一变量是否存在明显的结构突变？在这两段时期，劳动收入占比与个税收入占比的关系是否会发生变化？经济增长水平与个税占比之间的关系又会如何变化？本部分将尝试对这些问题进行解答。

中国历年个税占总税收收入的比重见图4.3。

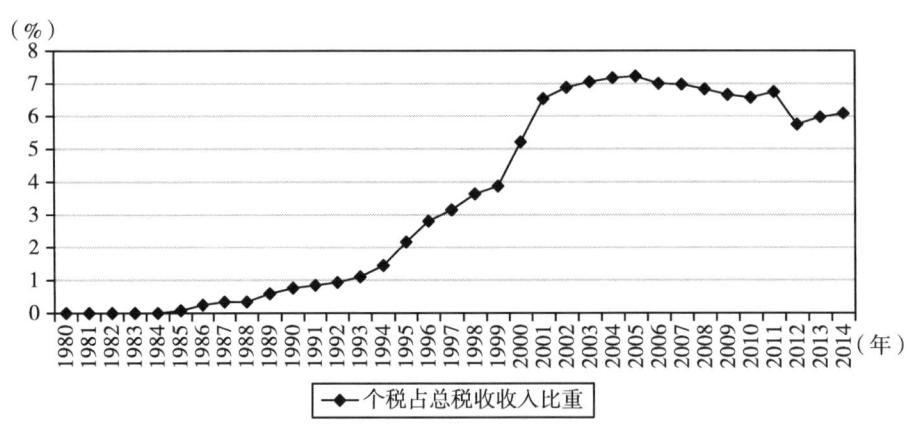

图 4.3　中国历年个税占总税收收入比重

资料来源：1980～2000年的个人所得税税收收入来自国家税务总局所得税管理司：《我国个人所得税收入情况一览》，《中国税务》2001年第6期；2001～2014年的个人所得税税收收入数据和总税收收入数据来自国家统计局网站数据中心 http://data.stats.gov.cn。

表 4.5 报告的是对样本进行邹至庄检验（Chow Test）的结果。邹至庄检验利用 F 检验来检验由前一部分 n 个数据求得的参数与由后一部分 m 个数据求得

第 4 章 个税占比与中国经济增长：从劳动收入变化角度的考察

的参数是否相等，由此判断结构是否发生了变化。Chow Test 的检验统计量如下：

$$\frac{(Sc - (S_1 + S_2))/k}{(S_1 + S_2)/(N_1 + N_2 - 2k)}$$

其中：Sc 表示全部样本的残差平方和，S_1 表示第一个回归样本的残差平方和，S_2 表示第二个回归样本的残差平方和，该统计量服从自由度为（k，$N_1 + N_2 - 2k$）的 F 分布。以 2006 年为断点，算得 F 统计量为 125.88，大于临界值，故拒绝认为各系数都相等的原假设，即 1998～2006 年子样本与 2007～2014 年子样本存在结构突变。

表 4.5　　　　　　　　　　Chow Test 的检验结果

Likelihood – ratio test　　　　　　　　　　　　　　LR chi2(9) =　　125.88
　　　　　　　　　　　　　　　　　　　　　　　　Prob > chi2 =　　0.0000

		Assumption：(All) nested in (A, C)				
Model |	Obs	ll (null)	ll (model)	df	AIC	BIC
All |	340	-720.9319	-615.692	9	1249.384	1283.844
A |	216	-484.5904	-416.7713	9	851.5426	881.9201
C |	124	-219.0389	-135.9808	9	289.9617	315.3442

基于上述检验结果，我们进一步将样本区间分为 1998～2006 年和 2007～2014 年，表 4.6 报告了我们分样本进行回归的结果。研究发现，在后一阶段，2007～2014 年，劳动收入占比与个税占比之间不再是正向关系。人均 GDP 与个税占比之间仍是显著的负向关系，但是系数有所下降。对于此估计结果，我们认为可能的解释是，劳动收入占比与经济发展水平之间存在 U 型关系，随着我国经济不断发展，产业结构不断升级，工业逐步让位于服务业，劳动收入占比逐渐步入上升通道，但个税占比仍处于下降通道，因此表现出劳动收入占比与个税占比之间的关系不再显著。

2007～2014 年子样本回归中，第二产业就业人数占比和私营经济就业人数占比的估计结果的变化支持了上述观点。2007 年之后，这两个变量的回归系数也变得不再显著，一方面是就业人数逐步从第二产业向第三产业迁移，2007～2014 年，第二产业就业人数从 20186.0 万人增加至 23099.0 万人，第三产业就业人数则从 24404.0 万人增加至 31364.0 万人，增幅远高于第二产业。1998～2006 年，私营经济就业人数占比与个税占比之间呈显著的负向关系，但是，2007～2014 年，两者之间关系不再显著。我们认为，这是私营经济逐步走向正规化的结果。在经济发展早期，税制不甚完善，税收征管较为落后，私营经济具有较大的逃避税空间。随着我国税收征管逐步现代化，加上各种信息技术的运用，企业的税收缴纳逐步正规化，私营经济与其他经济共同缴纳税收，因此与个税占比之间不再是负向关系。

表 4.6　　分区间的样本估计结果

	被解释变量：个人所得税税收收入占总税收收入比重					
	1998~2006 年			2007~2014 年		
	(1)	(2)	(3)	(4)	(5)	(6)
	Pooled	RE	FE	Pooled	RE	FE
劳动收入占比	0.0588*** (2.95)	0.0210 (1.02)	-0.0212 (-1.09)	-0.00398 (-0.35)	-0.00753 (-0.62)	-0.000293 (-0.02)
Ln 人均 GDP	-2.113*** (-4.04)	-4.341*** (-7.85)	-4.110*** (-6.86)	-0.613** (-2.13)	-1.415*** (-3.92)	-1.926*** (-2.84)
政府消费	0.0242 (1.21)	0.00451 (0.19)	-0.0274 (-1.12)	-0.00423 (-0.46)	0.00604 (0.44)	0.0338 (1.36)
第二产业就业人数占比	0.0957*** (3.76)	0.157*** (4.79)	0.0233 (0.51)	-0.00993 (-0.74)	0.00937 (0.43)	-0.0430 (-0.54)
第三产业就业人数占比	0.124*** (5.06)	0.160*** (4.32)	0.0248 (0.41)	0.0471*** (3.25)	0.0728*** (3.13)	0.0407 (0.49)
私营经济就业人数占比	-0.0406* (-1.93)	-0.0776*** (-3.79)	-0.102*** (-5.30)	0.00126 (0.10)	0.0161 (0.82)	0.0277 (0.73)
进出口总额占比	0.0267*** (4.88)	0.0199*** (2.73)	-0.00925 (-1.04)	0.0307*** (9.05)	0.0238*** (5.42)	0.00116 (0.16)
外商直接投资占比	0.179** (2.40)	0.403*** (4.84)	0.287*** (3.36)	-0.202*** (-4.31)	-0.115* (-1.73)	0.00367 (0.04)
常数项	15.24*** (3.25)	35.98*** (7.04)	45.48*** (9.01)	10.11*** (4.05)	16.33*** (5.90)	22.94*** (5.93)
观察值	216	216	216	124	124	124

注：Pooled 表示混合最小二乘回归模型，FE 表示固定效应模型，RE 表示随机效应模型。*** 代表1%的显著性水平，** 代表5%的显著性水平，* 代表10%的显著性水平。( ) 中为各系数 t 统计量。

将劳动收入占比换成扣除生产税净额之后的劳动者报酬占比,我们发现,结果仍然稳健(见表4.7),且与表4.6的估计结果一致,这在一定程度上也支持了我们前文的研究结论。

表4.7　　　　　　　分区间的样本估计结果:稳健性检验

	被解释变量:个人所得税收入占总税收收入比重					
	1998~2006年			2007~2014年		
	(1)	(2)	(3)	(4)	(5)	(6)
	Pooled	RE	FE	Pooled	RE	FE
劳动收入占比1	0.0481** (2.55)	0.0147 (0.81)	-0.0180 (-1.12)	-0.00785 (-0.77)	-0.00970 (-0.91)	-0.00272 (-0.22)
Ln人均GDP	-2.170*** (-4.07)	-4.423*** (-8.08)	-4.072*** (-7.06)	-0.606** (-2.11)	-1.371*** (-3.73)	-1.866*** (-2.68)
政府消费	0.0295 (1.48)	0.00454 (0.19)	-0.0268 (-1.09)	-0.00486 (-0.53)	0.00515 (0.37)	0.0336 (1.35)
第二产业就业人数占比	0.0945*** (3.70)	0.157*** (4.76)	0.0228 (0.50)	-0.0113 (-0.83)	0.00748 (0.34)	-0.0469 (-0.59)
第三产业就业人数占比	0.126*** (5.10)	0.161*** (4.33)	0.0217 (0.36)	0.0473*** (3.27)	0.0729*** (3.14)	0.0412 (0.49)
私营经济就业人数占比	-0.0402* (-1.90)	-0.0776*** (-3.78)	-0.102*** (-5.28)	0.00113 (0.09)	0.0158 (0.81)	0.0263 (0.70)
进出口总额占比	0.0261*** (4.73)	0.0202*** (2.76)	-0.00950 (-1.08)	0.0306*** (9.06)	0.0236*** (5.37)	0.00113 (0.15)
外商直接投资占比	0.185** (2.48)	0.403*** (4.83)	0.289*** (3.39)	-0.204*** (-4.37)	-0.117* (-1.76)	0.00268 (0.03)
常数项	15.74*** (3.21)	36.91*** (7.27)	45.19*** (9.50)	10.33*** (4.15)	16.16*** (5.80)	22.59*** (5.69)
观察值	216	216	216	124	124	124

注:Pooled表示混合最小二乘回归模型,FE表示固定效应模型,RE表示随机效应模型。***代表1%的显著性水平,**代表5%的显著性水平,*代表10%的显著性水平。()中为各系数t统计量。

值得注意的是,外商直接投资与个税占比之间的关系在 2007 年之后变成了显著为负,这一方面是由于数据的限制,分省外商直接投资的数据仅到 2011 年。另一方面,2007 年之后,外商直接投资结构发生了较大变化。2007 年之前,外商直接投资最多的是制造业。2007 年,制造业实际利用外商直接投资金额 4086482 万美元,占总的实际利用外资投资金额的 54.66%,房地产业仅 1708873 万美元,占总的实际利用外资投资金额的 22.86%。随着近几年中国楼市的急剧膨胀,房地产业外商投资金额迅速增加,2014 年,房地产业实际利用外商直接投资金额 3462611 万美元,占到总的实际利用外资投资金额的 28.96%,制造业占比则下降至 33.40%,下降幅度达 21.25 个百分点。房地产业等服务业一方面对吸收就业有限,对拓宽个人所得税税基作用有限,另一方面,相比于制造业,房地产等服务业资金更为自由,外商更有有利空间利用国际税收协调进行避税,因此,在 2007 年之后,外商投资占比与个税占比之间呈负向关系。

4.2.5 个税占比与中国经济增长的动态关联

为了考察经济发展水平与个税占比之间是否存在 U 型关系,我们进一步在回归方程中加入了人均 GDP 的平方项作为解释变量,结果见表 4.8 的第 3 行。可以发现,人均 GDP 的系数依然显著为负,但是人均 GDP 的平方项显著为正,表明经济发展水平与个税占比之间存在 U 型关系。这一结果的逻辑在于:经济发展早期,增长方式较为粗放,企业无论是在登记还是税收缴纳方面还不甚完善,加上地方政府为了发展地方经济,对企业实际实行了较多的税收优惠政策,引起个税收入占比的下降;随着经济发展方式由粗放型转向集约型,企业逐步走向现代化管理,政府治理能力逐步提高,个税占比止跌回升。

从数值上来说(表 4.8 第 9 列),当人均 GDP 低于 67161.02[=0.0000951/(7.08e −10×2)]元时,经济增长与个税占比之间为负向关系;当人均 GDP 高于 67161.02 元时,经济增长能够带来个税占比的增加。2014 年,中国人均 GDP 为 46629 元,若以中国人均 GDP 年均增长率为 7% 计算,从 2020 年开始,经济增长的成果会开始在个人所得税上得到体现。

引入人均 GDP 的平方项后,进出口总额占比对个税占比的作用变成了显著为正,第二产业就业人数和第三产业就业人数占比的系数依然显著为正,私营经济就业人数占比依然显著为负,其余变量的结果没有变化。

第4章 个税占比与中国经济增长：从劳动收入变化角度的考察

表4.8 个税占比与中国经济增长：引入人均GDP的平方项的估计结果

被解释变量：个人所得税税收收入占总税收收入比重

	(1)	(2)	(3)	(4)	(5)	(6)	(7)	(8)	(9)
劳动收入占比	0.0153 (1.06)	0.0295* (1.86)	0.0187 (1.12)	0.0120 (0.73)	0.0367** (2.30)	0.0436*** (3.10)	0.0445*** (3.13)	0.0515*** (4.02)	0.0514*** (4.01)
人均GDP		0.0000133** (2.12)	-0.0000212 (-1.13)	-0.0000353* (-1.90)	-0.0000458 (-1.47)	-0.000124*** (-4.39)	-0.000124*** (-4.40)	-0.0000943*** (-3.68)	-0.0000951*** (-3.71)
人均GDP^2			4.22e-10* (1.95)	5.40e-10** (2.54)	9.27e-10** (2.31)	8.97e-10** (2.54)	1.12e-09*** (3.24)	6.86e-10** (2.18)	7.08e-10** (2.23)
政府消费				0.0761*** (5.14)	0.0220 (1.41)	0.00952 (0.69)	0.0160 (1.18)	0.00886 (0.73)	0.00975 (0.79)
第二产业就业人数占比					0.0932*** (5.31)	0.104*** (6.71)	0.103*** (6.21)	0.0454*** (2.80)	0.0435*** (2.63)
第三产业就业人数占比						0.169*** (10.85)	0.158*** (9.41)	0.0885*** (5.24)	0.0880*** (5.20)
私营经济就业人数占比							-0.0171 (-1.01)	-0.0258* (-1.69)	-0.0262* (-1.72)
进出口总额占比								0.0304*** (8.99)	0.0295*** (8.16)
外商直接投资占比									0.0320 (0.62)
常数项	4.904*** (6.94)	3.910*** (4.62)	4.839*** (4.99)	3.156*** (3.15)	1.706 (1.51)	-2.651** (-2.48)	-2.397** (-2.18)	-0.0750 (-0.07)	-0.0780 (-0.08)
观察值	527	527	527	527	403	403	340	340	340

注：*** 代表1%的显著性水平，** 代表5%的显著性水平，* 代表10%的显著性水平。（）中为个系数t统计量。

为进一步解释经济发展水平与个税占比之间的 U 型关系,我们进一步验证了劳动收入占比与经济发展水平是否存在 U 型关系。结果表明,劳动收入占比与经济发展水平之间也存在明显的 U 型关系。表 4.9 为我们验证的结果。前 3 列被解释变量为劳动收入占比,后 3 列为扣除了生产税净额的劳动收入占比。若以劳动收入占比为被解释变量,经济发展水平与劳动收入占比关系的拐点在 ln 人均 GDP 的 10.31~10.69;若以扣除生产税净额的劳动收入占比为被解释变量,经济发展水平与劳动收入占比关系的拐点在 ln 人均 GDP 的 10.08~10.26,大于罗长远、张军(2009)的回归结果①。

表 4.9　　　　　　　　劳动收入占比与中国经济增长

	被解释变量:劳动收入占比					
	(1)	(2)	(3)	(4)	(5)	(6)
	Pooled	RE	FE	Pooled	RE	FE
Ln 人均 GDP	-40.84*** (-3.14)	-56.85*** (-4.64)	-61.26*** (-4.74)	-55.83*** (-3.96)	-67.43*** (-4.83)	-70.04*** (-4.64)
(Ln 人均 GDP)^2	1.910*** (2.77)	2.756*** (4.27)	2.966*** (4.43)	2.720*** (3.64)	3.337*** (4.53)	3.473*** (4.45)
政府消费	0.0323 (0.62)	-0.160** (-2.34)	-0.304*** (-3.73)	-0.0582 (-1.03)	-0.179** (-2.42)	-0.313*** (-3.29)
第二产业就业人数占比	-0.234*** (-3.46)	-0.312*** (-3.20)	-0.365** (-2.59)	-0.303*** (-4.13)	-0.366*** (-3.54)	-0.476*** (-2.90)
第三产业就业人数占比	-0.0309 (-0.43)	0.0377 (0.33)	0.252 (1.34)	-0.0632 (-0.82)	-0.0269 (-0.23)	0.147 (0.67)
私营经济就业人数占比	0.0697 (1.12)	0.123* (1.77)	0.102 (1.32)	0.0757 (1.12)	0.139* (1.79)	0.136 (1.51)
进出口总额占比	-0.0297* (-1.91)	-0.0361* (-1.65)	-0.0518* (-1.67)	-0.0284* (-1.68)	-0.0360 (-1.55)	-0.0631* (-1.74)

---

① 罗长远、张军(2009)以 1987~2004 年省级面板数据计算所得的经济发展水平与劳动收入占比关系的拐点在 ln 人均 GDP 为 8.2~8.6 处。

续表

	被解释变量：劳动收入占比					
	(1)	(2)	(3)	(4)	(5)	(6)
	Pooled	RE	FE	Pooled	RE	FE
外商直接投资占比	0.192 (0.88)	-0.114 (-0.43)	-0.266 (-0.82)	0.213 (0.90)	-0.0207 (-0.07)	-0.276 (-0.73)
常数项	267.2*** (4.34)	347.8*** (6.01)	370.2*** (6.12)	348.8*** (5.24)	406.6*** (6.17)	421.4*** (5.97)
观察值	340	340	340	340	340	340

注：Pooled 表示混合最小二乘回归模型，FE 表示固定效应模型，RE 表示随机效应模型。*** 代表1%的显著性水平，** 代表5%的显著性水平，* 代表10%的显著性水平。( ) 中为各系数 t 统计量。

若以经济发展水平与劳动收入占比关系的拐点在 ln 人均 GDP 为 10.3 计，则经济发展水平与劳动收入占比关系的转折点在 GDP 为 29732.62 元，与 2010 年中国的人均 GDP 较为接近①。这与现实也比较吻合。从图 4.4 来看，中国的劳动收入占比自 2010 年开始出现了比较明显的增加。

本部分通过研究个税增长与中国经济增长的动态关联，发现个税占比与中国经济增长之间存在一个 U 型关系（见图 4.4）。当人均 GDP 超过 67161.02 元时，经济增长对个税占比具有正向促进作用。这与劳动收入占比和经济增长水平之间的 U 型关系相对应。

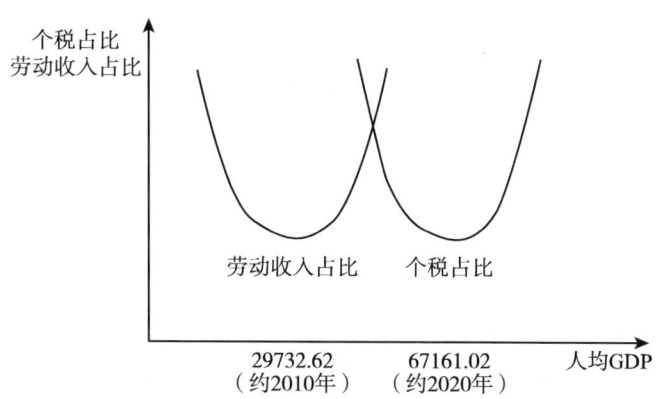

图 4.4　个税占比、劳动收入占比与经济增长水平的 U 型关系

---

① 2010 年中国的人均 GDP 为 30567 元。

4.3　本章小结

本章借助 1998~2014 年中国省级面板数据，对个税收入占比的变化进行了严格的实证研究，并对结果做了稳健性检验。本章的结论包括以下几点。

第一，1979~2012 年，城镇居民家庭人均可支配收入增长率比 GDP 增长率平均低 2.44 个百分点，农村居民收入增长更慢，比 GDP 增长率低 3.03 个百分点，整体城乡居民收入都落后于经济增长。从 1996 年开始，中国劳动收入占比出现明显的下降，到 2007 年，劳动收入占比低至 44.06%，随后缓慢上升，保持在 46% 左右，明显低于其他国家。

第二，实证研究结果表明，无论采取何种劳动收入占比指标，劳动收入占比和个税占比之间都呈稳定的正向变化关系。1998~2014 年，中国劳动收入占比与个税占比之间存在显著的正向关系，系数在波动范围为 0.03~0.05。劳动收入占比每增加 1 个单位，个税占比增加 0.03~0.05 个单位。

第三，中国的个税占比在 2006 年存在明显的结构突变。通过对样本进行邹氏检验，我们发现，1998~2006 年，中国的劳动收入占比与个税占比存在明显的正向关系，但这种关系在 2007 年之后开始变得不显著。

第四，第二产业就业人数占比和第三产业就业人数占比对个税收入占比具有显著的正向作用，第二产业就业人数占比和第三产业就业人数占比越高，个税收入占比越大。其中，第二产业就业人数占比每增加 1 个百分点，个税收入占比增加 0.103~0.0871 个百分点；第三产业就业人数占比每增加 1 个百分点，个税收入占比增加 0.088~0.164 个百分点；第三产业对个税收入的正向促进作用高于第二产业。

第五，全样本的估计结果表明，私营经济就业人数占比与个税占比之间呈显著的负向关系。但是，2007~2014 年子样本回归中，该变量的回归系数变得不再显著，一方面是就业人数逐步从第二产业向第三产业迁移，另一方面是私营经济逐步走向正规化的结果。在经济发展早期，税制不甚完善，税收征管较为落后，私营经济具有较大的逃避税空间。随着我国税收征管逐步现代化，加上各种信息技术的运用，企业的税收缴纳逐步正规化，私营经济与其他经济共同缴纳税收，因此与个税占比之间不再是负向关系。

第六，个税占比与中国经济增长之间，存在一个 U 型关系。当人均 GDP 超过 67161.02 元时，经济增长对个税占比具有正向促进作用。这与劳动收入占比和经济增长水平之间的 U 型关系相对应。若以中国人均 GDP 年均增长率为 7% 计算，从 2020 年开始，经济增长的成果会开始在个人所得税上得到体现。

第 5 章 个税占比与中国经济结构：从非正规经济角度的考察

在上一章，我们对中国经济增长过程中劳动收入占比的变化进行了探讨，并研究了经济增长与个税占比之间的关系。本章将从国家能力的另一个方面，即中国的经济结构的角度，对中国个人所得税的增长之谜进行研究。

为什么中国的税基比较窄？La Porta & Shleifer（2008，2014）[①] 指出，低收入国家一般都有一个很大的非正规部门和许多小规模的企业，但是对这些大规模的非正规部门很难征税。在经济发展初期，这些企业以其较低的门槛，在制度较为宽松的地区异军突起，在中国的东莞和义乌，这些企业展现了强劲的生命力，随处可见的街边小贩或者零售店、村里的商店，这些非正规企业很多都是以现金交易，缺乏正规的交易记录，企业主的收入很难衡量，使得对这些企业征税也变得比较困难。

5.1 中国的非正规经济规模

5.1.1 中国的非正规就业

目前，国内尚未进行非正规经济的官方统计，我们将从非正规经济的就业人员出发，研究中国的非正规经济规模。

---

① La Porta Rafael and Andrei Shleifer, Informality, Journal of Economic Perspectives, Summer 2014, 28（3）: 109–26.
La Porta Rafael and Andrei Shleifer, The Unofficial Economy and Economic Development, Brookings Papers on Economic Activity, 2008.

对于中国的非正规就业规模,本书延续胡鞍钢、赵黎(2006)和黄宗智(2010)的分类。具体来说,在城镇就业人员中,将国有单位、集体单位、股份合作单位、联营单位、有限责任公司、股份有限公司、外商投资公司和港澳台商投资公司的就业人员视为城镇正规经济就业人员。城镇非正规就业人员由三部分组成:城镇私营企业就业人员、个体就业人员和未登记的就业人员。其中,未登记就业人员由城镇就业总人数减去上述各类企业就业人数而得。乡村正规经济就业人员指的是乡村乡镇企业就业人员,乡村非正规经济就业人员则包括乡村私营企业就业人员、乡村个体就业人员和乡村未登记就业人员。

表5.1统计了1995~2014年中国城乡的就业情况。可以看出,从20世纪90年代中后期开始,城镇正规经济无论从绝对值还是相对值来看,都经历了大幅度的下降。这一方面和20世纪90年代后期国有企业的改制有关①,另一方面,随着改革开放政策的不断深入,各类私营经济、个体户不断兴起,加上农民工的大规模进城就业,城镇非正规经济规模大幅度增加。城镇非正规经济占城镇总就业人员的比例从1995年的19.69%增加至2014年的54.22%,与正规经济各占半壁江山。其绝对值更是从1995年的3749万人增加至2014年的21315万人,绝对规模增加了4.69倍之多。由于人口从乡村到城镇的转移,乡村非正规就业比例有所降低,但乡村非正规就业仍占乡村总就业的60%以上。

表5.1 城乡就业情况

年份	城镇就业情况(万人,%)					乡村就业情况(万人,%)				
	总就业人数	城镇正规经济		城镇非正规经济		总就业人数	乡村正规经济		乡村非正规经济	
		人数	占比	人数	占比		人数	占比	人数	占比
1995	19040	15608	81.97	3749	19.69	49025	12862	26.24	36163	73.76
1996	19922	15575	78.18	4710	23.64	49028	13508	27.55	35520	72.45
1997	20781	15487	74.52	5762	27.73	49039	13050	26.61	35989	73.39
1998	21616	13096	60.58	8930	41.31	49021	12537	25.57	36484	74.43
1999	22412	12529	55.9	10303	45.97	48982	12704	25.94	36278	74.06

---

① 据黄宗智(2010)的研究,20世纪90年代后期,国有企业下岗人数约为5000万人。进入21世纪之后,国有企业大规模改制,到2008年,国有和集体单位就业人员减少至7100万人。

续表

年份	城镇就业情况（万人,%）					乡村就业情况（万人,%）				
	总就业人数	城镇正规经济		城镇非正规经济		总就业人数	乡村正规经济		乡村非正规经济	
		人数	占比	人数	占比		人数	占比	人数	占比
2000	23151	12041	52.01	11567	49.96	48934	12820	26.2	36114	73.8
2001	24123	11607	48.12	12999	53.89	48674	13086	26.88	35588	73.12
2002	25159	11408	45.34	14289	56.79	48121	13288	27.61	34833	72.39
2003	26230	11401	43.47	15421	58.79	47506	13573	28.57	33933	71.43
2004	27293	11562	42.36	16356	59.93	46971	13866	29.52	33105	70.48
2005	28389	11924	42	17164	60.46	46258	14272	30.85	31986	69.15
2006	29630	12226	41.26	18145	61.24	45348	14680	32.37	30668	67.63
2007	30953	12589	40.67	19152	61.87	44368	15090	34.01	29278	65.99
2008	32103	12812	39.91	20131	62.71	43461	15451	35.55	28010	64.45
2009	33322	13279	39.85	20999	63.02	42506	15588	36.67	26918	63.33
2010	34687	13789	39.75	21922	63.2	41418	15893	38.37	25525	61.63
2011	35914	15277	42.54	21820	60.76	40506				
2012	37102	16104	43.4	22241	59.95	39602				
2013	38240	19538	51.09	20423	53.41	38737				
2014	39310	19746	50.23	21315	54.22	37943				

资料来源：EPS 数据统计平台：《中国宏观经济数据库》。

从非正规经济就业的构成来看（表 5.2），在 20 世纪末期，占非正规经济就业最大比例的是乡村的未登记就业人员，该部分人群占到了总非正规经济就业人数的 81.77%。随着私营经济和个体经济的不断兴起，这部分人群有的留在乡村做一些小本生意，这在数据上体现的是 20 世纪末期乡村私营经济和乡村个体经济占比的增加，有的进入城镇，进入城镇的分为两类人群，有一些资本积累的，在城镇做私营经济或个体经济，因此这段时期城镇私营经济和个体经济占比也在不断增加；另一部分人群没有原始的资本，依靠自己的劳动，在城镇成了农民工①，导致城镇未登记就业人员占比不断增加，这一趋势一直延续到 2010 年。到 2014 年，在近 6 亿的非正规就业人员中，占比最高的仍然是乡村未登记

---

① 根据《中国农民工问题研究总报告》的统计，2006 年，中国农民工人数高达 1.2 亿人。

的就业人员,其占总的非正规就业人员比重为 50.35%,其次是城镇私营经济就业人员,占比为 16.63%。

表 5.2 非正规经济就业及构成

年份	非正规经济就业总人数(万人)	城镇私营占比(%)	城镇个体占比(%)	城镇未登记占比(%)	乡村私营占比(%)	乡村个体占比(%)	乡村未登记占比(%)
1995	39912	1.22	3.91	4.27	1.18	7.65	81.77
1996	40230	1.54	4.25	5.92	1.37	8.22	78.70
1997	41751	1.80	4.60	7.41	1.44	8.44	76.33
1998	45414	2.14	4.97	12.55	1.62	8.49	70.23
1999	46581	2.26	5.18	14.68	2.08	8.22	67.59
2000	47681	2.66	4.48	17.12	2.39	6.15	67.20
2001	48587	3.14	4.39	19.23	2.44	5.41	65.39
2002	49122	4.07	4.62	20.40	2.87	5.04	63.00
2003	49354	5.16	4.82	21.27	3.55	4.58	60.62
2004	49461	6.05	5.10	21.92	4.09	4.18	58.66
2005	49150	7.04	5.65	22.23	4.81	4.32	55.95
2006	48813	8.10	6.17	22.90	5.39	4.40	53.04
2007	48430	9.46	6.83	23.25	5.52	4.52	50.42
2008	48141	10.64	7.50	23.68	5.77	4.50	47.91
2009	47917	11.57	8.86	23.39	6.39	4.89	44.90
2010	47447	12.80	9.41	23.99	7.05	5.35	41.39
2011	62326	11.09	8.39	15.53	5.52	4.36	55.11
2012	61843	12.22	9.12	14.62	6.05	4.83	53.16
2013	59160	13.93	10.38	10.21	7.23	5.40	52.85
2014	59258	16.63	11.83	7.51	7.65	6.03	50.35

资料来源:EPS 数据统计平台:《中国宏观经济数据库》。

从就业的增长来看(见表 5.3),2003 年之前,正规经济的就业增长率基本为负数,非正规经济的就业增长率为正,总的就业增长主要来自非正规经济的增长。随着我国经济逐渐进入转型期,从 2003 年开始,正规经济的就业增长率由负转正,从 2005 年开始,非正规经济的就业增长率由正转负。这体现了我国劳动力市场的转变。从改革开放开始，到 21 世纪初期，我国经济增长是一种粗放型的增长，就业增长主要体现在非正规经济，随着我国经济逐步从粗放型向集约型增长转型，经济增长不仅注重量的增长，亦注重质的转变，非正规经济逐步走向正规化，这恰好也印证了 Rostow（1960）[①] 和 Murphy Shleifer & Vishny（1989）[②] 等人的"二元经济"观点，随着经济发展水平的提高，非正规经济会自然减少甚至走向消亡。

表 5.3　　　　正规经济和非正规经济就业对总就业的贡献率

年份	正规经济就业增长率（%）	非正规经济就业增长率（%）	总就业增长率（%）	正规经济对就业增长的贡献率	非正规经济对就业增长的贡献率
1996	2.01	0.80	1.30	0.640678	0.359322
1997	-2.27	3.78	1.26	-0.74828	1.748276
1998	-10.14	8.77	1.17	-3.48348	4.483476
1999	-1.63	2.57	1.07	-0.5415	1.541496
2000	-1.65	2.36	0.97	-0.59202	1.592023
2001	-0.79	1.90	0.99	-0.27247	1.272472
2002	-0.22	1.10	0.66	-0.10826	1.108261
2003	0.93	0.47	0.62	0.491864	0.508136
2004	1.73	0.22	0.72	0.797348	0.202652
2005	2.80	-0.63	0.52	1.81201	-0.81201
2006	2.62	-0.69	0.44	2.018468	-1.01847
2007	2.77	-0.78	0.46	2.116289	-1.11629
2008	1.98	-0.60	0.32	2.1893	-1.1893
2009	1.78	-0.47	0.35	1.848485	-0.84848
2010	2.67	-0.98	0.37	2.695162	-1.69516

注：由于从 2011 年开始，未统计乡村乡镇企业就业人数，2011~2014 年的乡村正规就业人数与前些年份不可比，因此，本表只计算至 2010 年。

资料来源：EPS 数据统计平台：《中国宏观经济数据库》。

[①] Rostow, Walt. 1960. Stages of Economic Growth. Cambridge, UK: Cambridge Univ. Press.
[②] Murphy, Kevin, Andrei Shleifer, and Robert Vishny, 1989, Industrialization and the Big Push, Journal of Political Economy, 97 (5): 1003-1026.

5.1.2 中国的非正规经济

非正规经济的概念由国际劳工组织（International Labor Organization，ILO）在 20 世纪 70 年代首次提出。按照 ILO 的定义，非正规经济是指存在大量非正规就业的部门，在这些部门，就业者接受的是低于正常工资的收入，往往缺乏必要的福利保障，需要接受强制性的加班或轮岗、无任何补偿或通知的辞退、不安全的工作条件等。本书测算非正规经济的目的在于衡量个人所得税的缺失规模，不仅包含这种地下经济，还包含显性经济中易于逃税的部分。在中国，非正规经济包括小规模的私营企业员工、个体户以及大规模的农民工等创造的经济价值。很多此类经济的产出或收入，由于缺乏第三方登记信息，该类收入完全无法在个人所得税上得到体现。

对于中国非正规经济规模的测算，国内应用较多的是以下三种测算方法：一是通过普查年度人口数，估算出非正规就业人口数，假设正规就业和非正规就业的企业生产率相同，测算非正规经济的产值，早期的研究主要采取这一方法。显然，这种测算方法较为简单。但是，其核心的前提，即正规就业和非正规就业的企业生产率相同，恰好是很多学者的质疑之处。二是现金比率法。现金比率法由学者 Cagan（1958）[①] 首次提出，Guttman（1977）[②] 第一次利用现金比率法对美国 1976 年的非正规经济规模进行了测算，之后，该法在学术界得到了广泛的应用。但是，现金比率法的前提是一国经济体中现金与活期存款的比例保持固定，这一前提对于飞速发展的中国显然不适用[③]。三是以城乡居民的收入和支出数据测算地下经济，该方法比较直观。由于本书是从个人所得税的视角研究非正规经济，除了未纳入国民经济核算的地下经济，还有部分已纳入核算的显性经济也在本书所研究的非正规经济范畴，因此本书对非正规经济的算法是：基于上述算得的非正规就业人数，拟定一定的工资收入水平，直接测算该部分人群的收入。

非正规经济规模 = 非正规经济就业总人数 × 当年城镇单位就业人员平均工资

计算所得结果如图 5.1 所示。

---

① Cagan. P., 1958, The Demand for Currency Relative to the Total Money Supply, Journal of Political Economy 66 (8): 303-28.
② Gutmann, P. M., TheSubterranean Economy, Financial Analysts Journal, 1977 (33): 82~108.
③ 笔者试着用现金比率法对中国的非正规经济规模进行测算，研究发现，若按照现金流转比例固定的假定，计算出来的很多年份的非正规经济为负值。

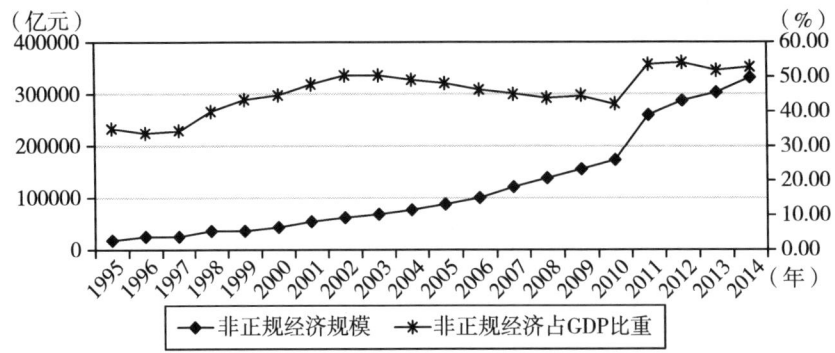

图 5.1　非正规经济规模及其占国内生产总值比重

资料来源：非正规经济规模＝非正规经济就业总人数×当年城镇单位就业人员平均工资，非正规经济就业人数来自表 5.2，城镇单位就业人员工资和 GDP 数据来自国家统计局数据中心。

按照上述算法，中国 1995 年的非正规经济规模为 21344.94 亿元，占当年 GDP 的比重为 34.92%，到 2014 年，中国非正规经济规模为 333853.65 亿元，占当年 GDP 的比重 52.48%。1995～2014 年，中国非正规经济规模年均增长率为 15.88%，远远超过全国经济增长率。

5.2　非正规经济规模与个税占比：实证检验

为检验非正规经济规模与个人所得税增长之间的关系，本部分将利用 2000～2012 年的中国地级单位层面数据，采用 OLS 和固定效应的研究方法，对非正规经济规模和个税增长之间的关系进行研究。

5.2.1　模型设定

税收增长的研究比较丰富。影响税收收入的因素有很多，有经济性因素，也有非经济性因素。郭庆旺、吕冰洋（2004）[①]，曹广忠等（2007）[②]，吕冰洋、

---

① 郭庆旺、吕冰洋：《经济增长与产业结构调整对税收增长的影响》，《涉外税务》2004 年第 9 期。
② 曹广忠、袁飞、陶然：《土地财政、产业结构演变与税收超常规增长——中国"税收增长之谜"的一个分析视角》，《中国工业经济》2007 年第 12 期。

李峰（2007）①，安体富（2009）② 分别研究了产业结构、经济增长、价格、税收政策、税制结构、税收征管水平等因素对于税收增长的影响。综合已有的研究成果，并结合本章的研究重点，建立如下基准回归模型：

$$pertax_{it} = \alpha_i + \beta_1 informeco_{it} + \beta_2 X_{it} + \varepsilon_{it} \tag{5.1}$$

在（5.1）式中，$pertax_{it}$ 为被解释变量，以第 i 个地级市第 t 年的个人所得税收入占地区生产总值的比重（‰）来衡量。$informeco_{it}$ 为第 i 个地级市第 t 年的非正规经济，本书将采取两种方法来衡量：非正规经济 1 以 i 地区（总人口③ − 全体从业人员）/总人口×100 来衡量，该定义只包含了未进入登记的非正规经济。非正规经济 2 的定义与胡鞍钢、赵黎（2006）④、黄宗智（2010）⑤ 的定义相同，包含了私营经济和个体经济，以（全体从业人员 − 国有企业就业人员 − 集体企业就业人员 − 港澳台企业就业人员 − 外商投资企业就业人员）/全体从业人员×100 计算而得。

X_{it} 为控制变量，包含了影响一个地区个人所得税税收水平的其他因素。具体来说，本书选取的控制变量包括：工资水平、经济发展水平、经济结构、外商投资比例、进出口以及财政收入和财政支出。其中，工资水平以职工工资总额/GDP×100 计算，经济发展水平以人均 GDP 取自然对数来衡量，经济结构以第一产业增加值/GDP×100 来衡量，外商投资比例以（外商直接投资×当年年末美元对人民币汇率⑥）/GDP×100 来计算，进出口以（进出口总额×当年年末美元对人民币汇率）/GDP×100 来计算，财政收入和支出分别以当年一般预算内财政收入和支出占地区生产总值的比重来衡量。为避免个别极端值和异常值的影响，每个变量都在 5% 的水平进行了双向缩尾处理（Winsorize）。ε_{it} 为随机误差项。

5.2.2 数据来源与描述性统计

本部分研究所使用的数据均来自《中国区域经济年鉴》，所使用的是 2000～

---

① 吕冰洋、李峰：《中国税收超 GDP 增长之谜的实证解释》，《财贸经济》2007 年第 3 期。
② 安体富：《对税收若干重要问题的思考》，《税务研究》2009 年第 1 期。
③ 此处的总人口为"户籍人口"的概念，而非"常住人口"。准确来说，此处应使用适龄工作人口，但由于地级单位层面暂时没有分年龄阶段的人口数据，所以暂未考虑。
④ 胡鞍钢、赵黎：《我国转型期非正规就业与非正规经济，1990 – 2004》，《清华大学学报（哲学社会科学版）》2006 年第 21 卷第 3 期。
⑤ 黄宗智：《中国发展经验的理论与实用含义——非正规经济实践》，《开放时代》2010 年第 10 期。
⑥ 汇率为每年最后一天的结算汇率。

2012 年的地级单位层面数据①。

表 5.4 对被解释变量、解释变量和其他控制变量的年度数据进行了描述性统计。统计结果显示，所有变量的最小值和最大值均在合理范围之内，说明对数据进行 Winsorize 处理有效剔除了极端值和异常值的影响。另外，还可以看出，地级单位层面，个人所得税平均占地区生产总值的 0.2%，以狭义定义的非正规经济，平均占地区生产总值的 45.56%，若加上私营经济和个体经济，非正规经济占地区生产总值的均值高达 85.17%，最小值为 63.19%，最大值为 94.26%。职工工资总额占地区生产总值的比例均值为 12.24%。地区之间产业结构、外商投资、进出口、财政收支差异较大，说明数据之间变化（Variation）较大，满足研究要求。

表 5.4　　　　　　　　描述性统计分析

变量名	观察值	均值	方差	最小值	最大值
个人所得税占比（‰）	3136	20.00	12.00	6.00	51.00
非正规经济 1	4648	45.56	10.33	20.11	63.62
非正规经济 2	2866	85.17	8.38	63.19	94.26
职工工资水平	4086	12.24	5.90	5.60	28.12
人均 GDP	4896	9.56	0.79	8.17	10.97
第一产业占比（%）	5202	16.74	10.01	1.89	36.33
外商直接投资占比（%）	4784	2.09	2.26	0.06	8.14
进出口总额占比（%）	3224	19.84	26.27	0.37	98.12
财政收入占比（%）	5290	5.85	2.21	2.79	10.85
财政支出占比（%）	5291	15.29	9.42	5.71	41.59

5.2.3　初步分析结果

基于模型（5.1），本书首先用 OLS 方法研究了非正规经济与个人所得税之间的关系。回归结果如表 5.5 所示。从表 5.5 的回归结果来看，无论是否加入其他控制变量，无论加入多少控制变量，非正规经济与个人所得税税收收入之间都

---

① 本处所指地级单位层面数据多于地级市层面数据，《中国区域经济年鉴》统计的地级单位层面数据每年观察值为 452 个。

第5章 个税占比与中国经济结构：从非正规经济角度的考察

表 5.5 初步 OLS 回归结果

被解释变量：个人所得税占地区生产总值比重（‰）

非正规经济 1	-0.101*** (-2.59)	-0.208*** (-5.82)	-0.166*** (-4.75)	-0.157*** (-4.47)	-0.156*** (-4.33)	-0.155*** (-4.48)	-0.103*** (-3.28)	-0.0966*** (-3.10)
职工工资水平		0.320*** (3.77)	0.356*** (4.04)	0.348*** (3.89)	0.458*** (4.23)	0.393*** (4.11)	0.224*** (2.99)	0.299*** (3.72)
人均 GDP			1.53*** (3.63)	0.711 (1.25)	0.389 (0.66)	0.552 (0.97)	-1.58*** (-2.73)	-0.966 (-1.55)
第一产业占比				-0.131* (-1.96)	-0.141** (-2.05)	-0.0588 (-0.94)	-0.0686 (-1.36)	-0.0196 (-0.36)
外商直接投资占比					0.0303 (0.24)	-0.124 (-1.01)	-0.225* (-1.79)	-0.250** (-1.98)
进出口总额占比						0.0757*** (4.47)	0.0883*** (5.47)	0.0827*** (5.29)
财政收入占比							1.78*** (9.61)	1.94*** (10.29)
财政支出占比								-0.127*** (-2.77)
常数项	0.249*** (13.05)	0.260*** (12.66)	0.0902* (1.90)	0.188*** (2.81)	0.208*** (3.01)	0.174*** (2.64)	0.275*** (4.46)	0.207*** (3.12)
观察值	2817	1842	1835	1825	1700	1686	1686	1686

注：表中括号内的数据为异方差稳健的 t 统计量，***、**、* 分别表示在 1%、5% 和 10% 的显著性水平下显著。

存在着显著的负向关系。非正规经济每增加 1 个百分点，个人所得税占比下降约 0.001 个百分点。这不难理解，根据 Bachetta（2009）[①] 和 Schneider（2010）[②] 的研究，非正规经济之所以形成与存在，一个重要的原因就是其从业人员为了避免纳税而不再有关机关登记。在中国，非正规经济的存在有制度因素，也有税收因素的影响，而作为监管难度较高的一个税种，当非正规经济规模较大时，必然会出现征收上来的税收收入较少的现象，且个人所得税征收的一个关键点是实施第三方扣缴[③]，私营经济、个体经济以及其他非正规登记经济，往往缺乏规范的第三方扣缴信息，所以当这类非正规经济越多时，税基可能就越窄。

除了非正规经济规模，其他控制变量也对个人所得税税收收入产生影响。从表 5.5 看来，职工工资水平、进出口总额占比、财政收入占比与个人所得税呈显著正相关，地区工资水平越高，税基越宽，则工资所得税越高，而工资所得税是个人所得税的最主要组成部分。第一产业占比、外商投资占比和财政支出占比与个人所得税呈显著负相关。这印证了郭庆旺、吕冰洋（2004）[④] 和安体富（2009）[⑤] 的研究成果，个人所得税主要受工资水平、产业结构等因素的影响。

OLS 方法以最简单的逻辑，描述了非正规经济与个人所得税税收收入之间的关系。在此，本书进一步控制时间固定效应，用以控制不随时间变化的影响个人所得税税收收入的因素（见表 5.6 的前 4 列）。可以看出，在控制时间固定效应之后，非正规经济与个人所得税之间的负向关系仍然显著。表 5.6 的后 4 列是在控制时间固定效应的基础上，进一步消除变量之间异方差和序列相关的回归结果［cluster（地级单位代码）］，回归结果仍然稳健。

从表 5.6 来看，人均 GDP 与个人所得税之间是显著的负向关系。对此，在全国非正规经济占地区生产总值平均达 45.56%（非正规经济 1）的背景下，经济增长的奇迹恰好就是由这些非正规经济带动的，非正规经济由于其天然的逃避税特征，就导致发达程度较高的地区其个人所得税收入较低。何菌、沈明高（2009）[⑥] 的研究亦表明，个人所得税与经济增长之间存在极强的负效应。第一

[①] Bacchetta Marc, Ekkehard Ernst, Juana P. Bustamante, Globalization and Informal Jobs in Developing Countries, 2009, https://www.wto.org/english/res_e/booksp_e/jobs_devel_countries_e.pdf.
[②] Schneider Friedrich, Andreas Buehn, Claudio E. Montenegro, Shadow Economies All over the World: New Estimates for 162 Countries from 1999 to 2007, World Bank Policy Research Working Paper 5356, 2010.
[③] Kleven、Kreiber and Saez（2009）和 Kleven、Knudsen、Kreiber、Pedersen and Saez（2011）从理论和实证两方面证明，当且仅当第三方信息包括很大一部分应税收入时，税收执法才能成功。
[④] 郭庆旺、吕冰洋：《经济增长与产业结构调整对税收增长的影响》，《涉外税务》2004 年第 9 期。
[⑤] 安体富：《对税收若干重要问题的思考》，《税务研究》2009 年第 1 期。
[⑥] 何菌、沈明高：《政府收入、税收结构与中国经济增长》，《金融研究》2009 年第 9 期。

第5章 个税占比与中国经济结构：从非正规经济角度的考察

表 5.6　引入时间固定效应以及控制异方差和序列相关的回归结果

被解释变量：个人所得税占地区生产总值比重（‰）

非正规经济1	-0.150*** (-4.09)	-0.158*** (-4.60)	-0.137*** (-4.07)	-0.139*** (-4.10)	-0.150*** (-4.19)	-0.158*** (-4.45)	-0.137*** (-4.08)	-0.139*** (-4.15)
职工工资水平	0.269*** (3.63)	0.221*** (3.14)	0.167** (2.42)	0.161** (2.28)	0.269** (2.05)	0.221* (1.82)	0.167* (1.75)	0.161* (1.67)
人均GDP	-3.59*** (-2.59)	-3.64*** (-2.78)	-3.08** (-2.40)	-3.07** (-2.39)	-3.59* (-1.95)	-3.64* (-1.96)	-3.08* (-1.79)	-3.07* (-1.78)
第一产业占比	-0.0264 (-0.36)	0.079 (1.12)	0.063 (0.92)	0.063 (0.92)	-0.026 (-0.19)	0.079 (0.64)	0.063 (0.60)	0.063 (0.60)
外商直接投资占比	-0.263** (-2.26)	-0.284*** (-2.59)	-0.385*** (-3.56)	-0.390*** (-3.59)	-0.263** (-1.97)	-0.284** (-2.15)	-0.385*** (-2.87)	-0.390*** (-2.92)
进出口总额占比	0.017 (1.15)		0.014 (0.97)	0.013 (0.91)	0.017 (0.80)		0.014 (0.69)	0.013 (0.65)
财政收入占比			1.17*** (7.85)	1.16*** (7.56)			1.17*** (5.24)	1.16*** (5.01)
财政支出占比				0.0237 (0.53)				0.0237 (0.36)
时间固定效应	Yes	Yes	Yes	Yes	Yes	Yes	Yes	Yes
消除异方差和序列相关					Yes	Yes	Yes	Yes
常数项	0.591*** (4.27)	0.584*** (4.46)	0.471*** (3.67)	0.470*** (3.65)	0.591*** (3.20)	0.584*** (3.17)	0.471*** (2.84)	0.470*** (2.83)
观察值	1700	1686	1686	1686	1700	1686	1686	1686

注：表中括号内的数据为异方差稳健的 t 统计量，***、**、* 分别表示在 1%、5% 和 10% 的显著性水平下显著。

产业本身贡献的个人所得税就较少，所以和个人所得税之间无显著关系。在我国经济起飞阶段，地方政府为了"招商引资"，给予外商投资企业诸多显性或隐性的税收优惠[①]，因此外商投资企业占比越高，个人所得税收入越少。财政收入越高的地区，越有条件投入更多的财政能力投资，比如组织相关人员的培训，有更综合的个人信息管理系统，因此，财政收入占比越高的地区，个人所得税税收收入也越高。

5.2.4 稳健性检验

为进一步研究非正规经济与个人所得税之间的关系，同时对上述研究结果进行检验，在本部分，我们将对非正规经济进行另外的定义。本部分非正规经济的定义是：全体从业人口中除国有企业、集体企业、港澳台企业和外商投资企业之外的人员，这与胡鞍钢、赵黎（2006），黄宗智（2010）的定义相一致。当然，私营经济和个体经济不一定都是非正规经济，按照本书的定义，非正规经济是被高估的。但是，从个人所得税的角度研究的非正规经济，正常的逻辑是应该包含私营经济和个体经济。本书对非正规经济的定义是与实际非正规经济高度相关的，可以认为是非正规经济的一个代理变量。

表5.7报告了解释变量为非正规经济2的回归结果。可以看出，当解释变量为更广义的非正规经济时，非正规经济与个人所得税在1%的显著性水平上，系数依然为负，且系数的绝对值与前文基本对应，介于0.1~0.15之间。非正规经济每增加一个百分点，个人所得税占地区生产总值的比重下降0.1~0.15个万分点。按照前面的测算，我国2014年的非正规经济规模为333853.65亿元，2014年，中国个人所得税收入为7376.57亿元。若非正规经济规模每增加3338.54亿元，则个人所得税收入将下降0.0738亿~0.1107亿元。

延续前文的思路，本书进一步研究了当主要解释变量为广义的非正规经济时，控制时间固定效应的检验结果（见表5.8）。虽然控制时间固定效应之后，非正规经济的回归系数变得不显著，但系数与前文基本对应。其他控制变量，包括工资水平、经济发展水平、产业结构等的回归结果与前面基本也都保持一致。

---

① 胡怡建（1992）将外商投资企业税收政策特点总结为：税种少、税率低、优惠多、税负轻。李宗卉、鲁明泓（2004）的研究也表明，税收优惠政策是引导外商直接投资流向的主要因素。

第5章 个税占比与中国经济结构：从非正规经济角度的考察

表 5.7　广义非正规经济定义的 OLS 回归结果

	被解释变量：个人所得税占地区生产总值比重（‰）						
非正规经济2	-0.112*** (-2.69)	-0.0964** (-2.42)	-0.138*** (-3.23)	-0.118*** (-2.79)	-0.150*** (-3.70)	-0.124*** (-3.36)	-0.150*** (-3.90)	-0.133*** (-3.57)
职工工资水平		0.434*** (3.60)	0.465*** (3.78)	0.435*** (3.45)	0.429*** (3.45)	0.350*** (3.48)	0.162** (2.25)	0.230*** (3.00)
人均 GDP			2.09*** (4.51)	0.646 (1.01)	0.566 (0.90)	0.868 (1.46)	-1.70*** (-2.68)	-1.09 (-1.49)
第一产业占比				-0.208*** (-2.81)	-0.209*** (-2.80)	-0.105* (-1.74)	-0.116** (-2.15)	-0.071 (-1.15)
外商直接投资占比					0.109 (0.73)	-0.079 (-0.52)	-0.232 (-1.55)	-0.265* (-1.78)
进出口总额占比						0.0861*** (4.55)	0.0947*** (5.30)	0.0899*** (5.24)
财政收入占比							1.92*** (8.71)	2.09*** (9.26)
财政支出占比								-0.145** (-2.20)
常数项	0.304*** (8.23)	0.246*** (6.24)	0.0747 (1.23)	0.234*** (3.05)	0.268*** (3.54)	0.195*** (2.75)	0.380*** (5.54)	0.303*** (3.78)
观察值	1421	1421	1421	1417	1397	1385	1385	1385

注：表中括号内的数据为异方差稳健的 t 统计量，***、**、* 分别表示在 1%、5% 和 10% 的显著性水平下显著。

表5.8 广义非正规经济定义的固定效应回归结果

被解释变量：个人所得税占地区生产总值比重（‰）

非正规经济2	-0.0452	-0.0429	-0.0424	-0.0424	-0.0452	-0.0429	-0.0424	-0.0424
	(-1.13)	(-1.18)	(-1.20)	(-1.20)	(-1.36)	(-1.32)	(-1.27)	(-1.27)
职工工资水平	0.231***	0.159**	0.113	0.113	0.231*	0.159*	0.113	0.111
	(2.94)	(2.21)	(1.61)	(1.56)	(1.73)	(1.66)	(1.50)	(1.54)
人均GDP	-4.70***	-4.64***	-3.88***	-3.88***	-4.70**	-4.64**	-3.88**	-3.88**
	(-3.29)	(-3.58)	(-3.07)	(-3.07)	(-2.25)	(-2.23)	(-2.01)	(-2.01)
第一产业占比	-0.0560	0.0939	0.0496	0.0498	-0.0560	0.0939	0.0496	0.0498
	(-0.69)	(1.26)	(0.68)	(0.68)	(-0.35)	(0.81)	(0.49)	(0.50)
外商直接投资占比	-0.213*	-0.234**	-0.382***	-0.383***	-0.213	-0.234	-0.382**	-0.383**
	(-1.73)	(-2.08)	(-3.45)	(-3.44)	(-1.32)	(-1.46)	(-2.43)	(-2.43)
进出口总额占比		0.0192	0.0173	0.0170		0.0192	0.0173	0.0170
		(1.30)	(1.20)	(1.17)		(0.89)	(0.89)	(0.86)
财政收入占比			1.26***	1.25***			1.26***	1.25***
			(7.95)	(7.67)			(4.85)	(4.77)
财政支出占比				0.00626				0.00626
				(0.13)				(0.08)
时间固定效应	Yes	Yes	Yes	Yes	Yes	Yes	Yes	Yes
消除异方差和序列相关					Yes	Yes	Yes	Yes
常数项	0.686***	0.656***	0.533***	0.533***	0.686***	0.656***	0.533***	0.533***
	(4.68)	(4.93)	(4.10)	(4.10)	(3.25)	(3.14)	(2.82)	(2.81)
观察值	1397	1385	1385	1385	1397	1385	1385	1385

注：表中括号内的数据为异方差稳健的t统计量，***、**、*分别表示在1%、5%和10%的显著性水平下显著。

对前文研究结果进行验证的另一个思路是，通过将所研究地区分为东部地区、中部地区和西部地区①，分样本对非正规经济与个人所得税之间的关系进行检验。表5.9报告了上述回归的结果。与前文的分析相对应，在经济越发达的东部地区，非正规经济与个人所得税占比之间的负向关系越显著，而在经济稍微落后的中部地区和西部地区，非正规经济与个人所得税之间的负向关系变弱，尤其是西部地区。

表5.9　　　　　　　　　　分样本的回归结果

	被解释变量：个人所得税占地区生产总值比重（‰）					
	东部地区	中部地区	西部地区	东部地区	中部地区	西部地区
非正规经济2	-0.124** (-2.50)	-0.205*** (-3.45)	-0.106* (-1.78)	-0.101* (-1.91)	0.0720 (0.89)	-0.0350 (-0.51)
工资水平	0.542*** (4.28)	0.264** (2.18)	0.0432 (0.37)	0.391*** (2.91)	0.0780 (0.47)	-0.132 (-1.11)
人均GDP	-2.93*** (-2.72)	-2.50*** (-3.78)	0.169 (0.15)	-5.60*** (-3.04)	-2.16 (-0.91)	-4.71 (-1.39)
第一产业占比	-0.121 (-1.20)	-0.00402 (-0.06)	-0.118 (-1.10)	0.0389 (0.32)	0.204** (1.99)	-0.151 (-0.87)
外商直接投资占比	-0.529*** (-3.89)	-0.140 (-0.83)	-0.149 (-0.42)	-0.486*** (-3.34)	-0.278 (-1.50)	0.0305 (0.08)
进出口总额占比	0.0858*** (5.71)	0.0423** (2.00)	0.00678 (0.18)	0.0248 (1.40)	0.0135 (0.47)	-0.0578 (-1.20)
财政收入占比	3.20*** (10.06)	2.05*** (10.20)	2.05*** (7.18)	1.68*** (4.73)	1.44*** (6.16)	1.24*** (3.51)
财政支出占比	-0.575*** (-4.33)	-0.168*** (-2.79)	-0.0127 (-0.20)	-0.0483 (-0.28)	0.0537 (0.59)	-0.0398 (-0.48)
是否控制时间固定效应				YES	YES	YES
常数项	0.469*** (4.14)	0.478*** (5.35)	0.173 (1.38)	0.762*** (3.99)	0.196 (0.80)	0.661* (1.93)
观察值	525	498	362	525	498	362

注：表中括号内的数据为异方差稳健的t统计量，***、**、*分别表示在1%、5%和10%的显著性水平下显著。

---

① 东部地区指北京、天津、河北、辽宁、上海、江苏、浙江、福建、山东、广东、海南11个省（直辖市）；中部地区指黑龙江、吉林、山西、安徽、江西、河南、湖北、湖南8个省；西部地区包括内蒙古、广西、重庆、四川、贵州、云南、西藏、陕西、甘肃、青海、宁夏、新疆12个省（自治区、直辖市）。

5.3 本章小结

本书从国家能力的另一个角度,中国的经济结构的视角,探讨了中国个人所得税的增长之谜,得出以下主要结论。

第一,从经验事实来看,中国经济存在两个典型性特征:与世界其他 GDP 水平相当的国家相比,中国的税收结构明显更多地依赖流转税,直接税在中国税收结构中占比相对较低;与其他国家相比,中国个人所得税的法定税率并不低,所以导致中国个人所得税税收收入占比较低的原因在于税基,而税基窄的一个重要原因是中国存在大规模的非正规经济。

第二,对于中国的非正规经济规模,本书从非正规就业和非正规经济两个方面进行了测算分析。从非正规就业来看,中国的非正规就业人数从 1995 年的 39912 万人增加至 2014 年的 59258 万人,其中,城镇非正规就业从 1995 年的 3749 万人增加至 2014 年的 21315 万人,随着人口流动的增强,乡村非正规就业从 1995 年的 36163 万人减少至 2010 年的 22525 万人。1995 年,中国非正规经济规模为 21344.94 亿元,占当年 GDP 的比重为 34.92%,到 2014 年,中国非正规经济规模为 333853.65 亿元,占当年 GDP 的比重为 52.48%。1995~2014 年,中国非正规经济规模年均增长率为 15.88%。

第三,中国的非正规经济与个人所得税之间存在显著的负向关系。无论是简单的 OLS 模型,还是加入时间固定效应,无论是以狭义的非正规经济定义,还是广义的非正规经济定义,抑或是分子样本进行研究,该负向关系基本都存在。非正规经济每增加 1 个百分点,个人所得税占地区生产总值的比重下降 0.001~0.0015。

第四,除了非正规经济,个人所得税税收收入还受地区工资水平、地区经济发展水平、经济结构、外商直接投资、进出口以及财政收入的影响。其中,职工工资水平、进出口总额占比、财政收入占比与个人所得税呈显著正相关;第一产业占比、外商投资占比和财政支出占比与个人所得税呈显著负相关。

第6章　个税占比与政府税收能力：从政府有效性角度的考察

对于一个国家而言，拓宽税基是一个动态的过程，需要前瞻性的制度投资（Besley，2001）[1]。从税基转化为政府的税收收入，一方面取决于政府将税基转化为税收收入的能力，另一方面取决于政府征税的激励。本章，我们将从政府能力的角度，探讨中国政府在将税基转化为实实在在的税收收入中所发挥的作用。

按照赵志耘、杨朝峰（2009）[2]和吕冰洋、郭庆旺（2011）[3]的分类，政府税收能力可分为两个部分：一是纳税人的纳税能力，这取决于一国税基，也就是我们在第4章和第5章所探讨的内容；二是政府的征税能力，取决于税务管理效率，税务人员的人数、技能、敬业精神及信息化水平等。本章着重探讨政府的征税能力。我们认为，政府征税是一个投入—产出的过程，政府的征税能力，一方面取决于一国政府在征税过程的投入，即财政能力投资[4]，包括投资于税务当局的组织建设和培训、人力投资、经费投入等；另一方面取决于税务人员的工作效率、敬业精神等，我们以税务部门的税收努力程度来衡量。

---

[1] Besley Timothy, From Micro to Macro: Public Policies and Aggregate Economic Performance, in Economic Growth and Government Policy, papers presented at a HM Treasury Seminar at 11, Downing Street on 12th October 2000, London: HM Treasury, 15 – 21, April 2001, (also published in Fiscal Studies, Volume 22 (3), 357 – 374, September 2001.)
[2] 赵志耘、杨朝峰：《分税制改革以来我国地方税收努力研究——基于省际面板数据的实证分析》，《经济与管理研究》2009 年第 12 期。
[3] 吕冰洋、郭庆旺：《中国税收高速增长的源泉：税收能力和税收努力框架下的解释》，《中国社会科学》2011 年第 2 期。
[4] 关于财政能力投资的概念，见 Besley & Persson (2009)。在此之前，Lagunoff (2001) 也曾研究了对机制体制的动态投资如何影响后续的政策选择。见 Besley Timothy & Persson Torsten, The Origins of State Capacity: Property Rights, Taxation and Politics, American Economic Review, 99 (4), 1218 – 44, 2009; Lagunoff, Roger, A Theory of Constitutional Standards and Civil Liberty, Review of Economic Studies, 68, 109 – 32, 2001.

6.1 中国的财政能力投资

一国财政能力投资包含内容极其丰富，如税务部门机构设置的多少，人员配备的多少，人员的素质，税务人员的级别，税务人员享有的待遇，对税务部门必需的固定资产的投资，信息化建设，财政税务专业人才的培养等。财政能力投资的多寡直接决定政府征税能力的大小。由于数据的限制，我们无法将财政能力投资的各个方面进行分析对比，而是选取了两个最重要的变量，即税务部门从业人员的多少和税务部门从业人员的工资，来对中国的财政能力投资进行分析①。

表6.1统计了1996~2013年中国税务部门从业人员的基本情况。从人员总数来看，在这18年间，中国税务部门从业总人数稳步增长，主要是地税部门从业人员的增加。1996年，地方税务局从业人员为332377人，至2013年，增加至411174人，增加了78797人。国税部门从业人员稍有增加，从1996年的444511人增加至2013年的460801人②。其中，国税部门2004年从业人员较1996年较大幅度减少。1998年3月10日，第九届全国人大一次会议审议通过了《关于国务院机构改革方案的决定》，改革的原则之一就是按照精简、统一、效能的原则，调整政府组织结构，实行精兵简政。在此方针的指导下，各地缩减人员编制数量③。

从人员的结构变化来看，我国税务部门从业人员素质不断优化，税务人员学历不断增加，经验日趋丰富。无论是国税还是地税部门，高学历人群占比不断增加，中专及以下学历的税务人员总量和占比都大幅度下降。国税部门中专及以下的从业人员从1996年的27.81万人减少至2013年的7.15万人；地税部门中专及以下的从业人员从1996年的20.87万人减少至2013年的5.03万人。

---

① 虽然没有严格的因果分析，我们直观地认为，税务部门人员的数量是财政能力投资的最重要因素。除此之外，社会资源中支付给税务部门的工资总额是利用社会资源进行财政能力投资的重要方面。税务人员得到的工资收入决定其工作的激励，决定其工作的努力程度。
② 这里的从业人员为总人数，既包括正式职工，也包括临时工。
③ 相关案例如2004年，河南省孟州市对部分乡镇税务所进行了合署办公，使乡镇税务所从5个压缩到3个。2000年，北京市海淀区对辖区内乡镇和街道的管辖范围进行了重新划分，编制总量大幅度下降，降低幅度近20%。此后，2003年的机构改革又进一步减少了编制，减少幅度大概在4%左右。

税务部门从业人员经验也趋于丰富，35岁以下的税务人员大幅度减少，36~59岁的较具经验的税务人员，无论从绝对值和占总税务部门从业人员的比重上，都有较大幅度的增长。

表6.1　　　　　　　　中国税务部门从业人员基本情况统计

		国税（人）				地税（人）			
		1996年	2004年	2008年	2013年	1996年	2004年	2008年	2013年
人员总计		444511	392205	462351	460801	332377	345758	398520	411174
按学历划分	研究生	637	4771	9126	14910	452	4343	7645	15126
	大学本科	25615	122948	193884	228680	18546	105565	178933	223404
	大学专科	140145	201610	167985	145723	104633	170285	140483	122297
	中专	126464	34498	27874	20307	97270	36368	28205	20364
	高中技校职高	105433	21787	40832	35106	81520	23270	32049	22075
	初中以下	46217	6591	22650	16075	29956	5927	11205	7908
按年龄划分	35岁以下	275199	138085	122336	94689	223618	148644	131794	98029
	36~45岁	112166	181958	217633	159995	73539	143453	177416	158266
	46~54岁	43092	65933	104211	167950	28151	48390	76820	128569
	55~59岁	13739	6194	17766	37801	6398	5234	12230	26081
	60岁以上	315	35	405	366	671	37	260	229

1996~2013年，中国税务部门从业人员总数从77.69万人增加至87.2万人，增加幅度为12.24%。中国财政能力投资的人员投入基本维持在总人口的0.06%左右。假设税务人员的平均工资为社会平均工资①，则1996年，社会财富中支付给税务人员的工资总额为50.26亿元，2013年为456.81亿元②。随着社会总财富的增加，对财政能力投资绝对额在增加，但相对额基本保持不变，占总国民收入的0.07%~0.08%（见表6.2）。

---

① 胡放之：《中国经济起飞阶段的工资水平研究》，中国经济出版社，2005年。
② 这里没有考虑社会资源支付给公务员（税务部门工作人员大部分为公职人员）的其他补贴，如养老金方面的投入，若考虑其他福利，则社会的财政能力投资应大于此处所计算之数，此处所计算的，应为财政能力投资的极小值。

表 6.2　　　　　　　　中国财政能力投资（人员投入）

	税务部门从业人员数（人）	占总人口比重（%）	平均工资（元/年）	税务部门从业人员工资总额（亿元/年）	税务部门从业人员工资占国民收入比重（%）
1996 年	776888	0.0635	6470	50.2646536	0.0713
2004 年	737963	0.0568	16024	118.2511911	0.0738
2008 年	860871	0.0648	29229	251.6239846	0.0789
2013 年	871975	0.0641	52388	456.810263	0.0783

注：税务工作者的平均工资以城镇单位在岗职工平均工资近似而得。
资料来源：第 1 列根据表 6.1 计算而得，总人口、平均工资及国民收入数据均来自国家统计局网站数据中心，http：//data.stats.gov.cn。

我们采取国际比较的方法，来判断中国财政能力投资规模的大小。表 6.3 统计的是美国的财政能力投资情况[①]。在美国，税务工作者分为两类：税收审查员、收税员和税务代理商（Tax Examiners，Collectors，and Revenue Agents）和报税员（Tax Preparers）。在这里，我们无须去讨论这些税务工作者是否供职于政府部门，不论是公共部门还是私人部门，对于这些税务人员的支付都构成社会对财政能力投资的投入。从表 6.3 看来，2013 年，美国税务工作者总人数为 132600 人，而同年中国税务部门从业总人数为 871975 人，是美国的 6.58 倍。2013 年，中国个人所得税税收收入为 6531.53 亿元，税务工作者人均税收额为 74.9050 万元，当年美国个人所得税税收收入为 3469.65 亿美元，人均税收额为 261.6629 万美元，以美元对人民币汇率为 6∶1 计算，美国税务工作者的人均税收额是中国的近 21 倍。按照国家税务总局税收科学研究所（2005）的分析，中国人均税收额之所以较低，是因为在中国，税务部门呈金字塔式的机构，越到基层，机构越多，县及县以下税务机构占机构总数的 84.5%，税务人员占 73.9%，可征收的税款占总数的 37.5%，人员机构与征收金额呈倒三角。基层由于传统手工操作，信息化程度极低，导致中国税务人员征收的人均税收额较少，而同期美国信息化水平已经很高，人均税收额也就远高于中国[②]。

---

① 之所以选取美国作为比较对象，一是因为美国的国内生产总值与中国较为接近，二是因为美国数据较为公开，相关数据更易获得。
② 国家税务总局税收科学研究所，中国税制改革与发展编辑部编：《中国税官论税制改革（上）》，中国城市出版社，2005。

从相对比例来看，美国税务工作者占总人口比重为 0.04% 左右，中国为 0.06%。美国税务工作者总工资占国民收入比重为 0.038%~0.047%，而中国为 0.07%~0.08%。从 1996 年至今，中国对财政能力的投资占国民收入的比重在增加，美国的财政能力投资占国民收入的比重却是保持持续下降。

以上的比较分析仅限于人力投资，若是考虑到信息化水平的差异，处于追赶阶段的中国需要除人力之外的更多的投入，如普及办公自动化，建立税务网站，CTAIS 操作系统、ODPS 办公系统、金税工程的建设都是我国信息化建设的尝试。若综合考虑财政能力投资，可以猜测，中国的总财政能力投资高于美国[①]。

表 6.3　　　　　　　　美国财政能力投资（人员投入）

年份	税收审查员、收税员和税务代理商（人）	税收审查员、收税员和税务代理商年平均工资（美元）	报税员（人）	报税员年平均工资（美元）	税务工作者总数（人）	税务工作者占总人口比重（%）	税务工作者工资总额（百万美元/年）	税务工作者工资占国民收入比重（%）
1997	61210	39540	48080	33530	109290	0.0401	4032.37	0.0468
1998	58320	41440	55400	32360	113720	0.0412	4209.52	0.0463
1999	64960	40270	58100	31970	123060	0.0441	4473.40	0.0463
2000	67720	42580	65280	30720	133000	0.0471	4888.92	0.0475
2001	68780	45180	59520	32710	128300	0.0450	5054.38	0.0476
2002	69320	45730	54330	31630	123650	0.0429	4888.46	0.0445
2003	71060	47060	50410	32630	121470	0.0418	4988.96	0.0433
2004	71610	48210	51950	34330	123560	0.0421	5235.76	0.0427
2005	72290	49460	58850	31000	131140	0.0443	5399.81	0.0412
2006	75160	49690	62860	33160	138020	0.0462	5819.14	0.0420
2007	65750	51510	61890	34890	127640	0.0423	5546.12	0.0383
2008	66030	53090	63030	35520	129060	0.0424	5744.36	0.0390
2009	69500	53800	61130	36060	130630	0.0425	5943.45	0.0412

---

① 财政能力投资体现的是税收成本。2004 年国家税务总局征管司司长王文彦在接受媒体采访时也承认，中国有 100 万税务干部，中国税收成本过高。我国现在税收成本比较高的原因是在监督打击型的税收管理模式下，需要大量的人力、票据和程序，成本自然会高。

续表

年份	税收审查员、收税员和税务代理商（人）	税收审查员、收税员和税务代理商年平均工资（美元）	报税员（人）	报税员年平均工资（美元）	税务工作者总数（人）	税务工作者占总人口比重（%）	税务工作者工资总额（百万美元/年）	税务工作者工资占国民收入比重（%）
2010	68530	54830	56990	37060	125520	0.0405	5869.55	0.0392
2011	67970	55480	59180	39410	127150	0.0407	6103.26	0.0393
2012	65560	56050	61140	41700	126700	0.0403	6224.18	0.0385
2013	64790	56120	67810	43350	132600	0.0419	6575.58	0.0392
2014	63640	56890	68590	43870	132230	0.0414	6629.52	0.0381

资料来源：前4列基础数据来自美国劳工部网站，http://www.bls.gov/oes/，经作者整理而得；第5列和第7列在前4列的基础上计算而得，税务工作者总数=税收审查员、收税员和税务代理商人数+报税员人数，税务工作者工资总额=税收审查员、收税员和税务代理商人数×税收审查员、收税员和税务代理商年平均工资+报税员人数×报税员年平均工资。总人口数和国民收入数据来自CEIC，第6列为第5列除以总人口数而得，第8列为第7列除以美国国内生产总值而得。

综合以上对中国财政能力投资的分析以及中美的比较，我们看到，就政府征税能力建设的投入过程而言，中国的财政能力投资一直在增加，且不论是绝对额还是相对额，都远远超过美国的财政能力投资。如此多的投入，中国税务人员的人均个人所得税征税额却远远低于美国，这让我们想要研究政府征税能力的另一个方面，即同样的人员投入，税务部门的工作效率如何？税收努力程度如何？下面这一部分，我们将从国际比较和国内比较的视角，对政府征税能力的这一方面进行分析。

6.2　中国税务部门的税收努力程度：国际比较

6.2.1　税收努力程度的测算方法

按照已有的学术研究与实务部门的通用做法，税收努力程度的计算方法是：

税收努力程度＝实际税收收入/对应的税收收入能力①。因此，税收努力程度的测算，关键是税收收入能力的估算。税收努力程度计算的方法选择，实质是税收收入能力估测的方法选择②。

税收收入能力，指的是在某一个固定时间内，一个经济体可征收上来的最大税收总量，它反映一个经济体的可税潜力。根据不同的研究目的，国内外学者给出了不同的定义：Bahl（1971）对税收收入能力的定义是：税收收入能力是指一国对于税基征收"平均"有效税率能够带来的税收收入。根据该定义，影响税收收入能力的主要因素是影响税基的因素。美国政府间关系顾问委员会（Advisory Commission on Intergovernmental Relations，ACIR）1982 年对税收收入能力的定义是：政府部门为提供公共服务融资的能力。国家税务总局收入规划核算司司长杨元伟（1996）则认为，税收收入能力有纳税和征税之分，纳税能力可理解为应征税额，征税能力理解为政府的实际征收额，两者之差额，即是征税努力③。

本书选择代表性税制法（Representative Tax System，RTS），一方面将中国的税收努力程度和其他国家进行比较，以此探讨中国个人所得税增长之谜的成因；另一方面将国内税收努力程度进一步剖开，分析省际差异。与已有利用 RTS 法研究税收收入能力的文献相比，创新点主要体现为：一是利用统一的研究方法，从国际比较的视角和省际差异两个角度对中国个人所得税的税收努力程度进行分析，已有的研究，基本都只是集中于国内税收努力的分析。二是在算得各省的税收努力程度的基础上，进一步分析税收努力程度与个人所得税税收收入之间的关系。

6.2.2　标准税率的确定

本部分，我们将使用 44 个国家 1995～2012 年的数据，来确定每一年个人所

---

① 除此之外，学术研究还有两种测量税收征管效率的方法：数据包络分析法（Data Envelope Analysis）和随机前沿分析法（Stochastic Frontier Analysis）。国内利用数据包络分析法研究税收征管效率的有：崔兴芳等（2006），吕冰洋、樊勇（2006），贾智莲、卢洪友（2009）等；利用随机前沿分析法研究税收征管效率的有：谢滨（2007），陈工等（2009），王德祥、李建军（2009）和李建军（2011）等。但是，这两种方法在实际中应用较少，因此不纳入此分析。王建峰（2008）以税务工作人员数、税务工作人员平均受教育年限和税务部门人均事业费作为税收努力程度的代理变量。周黎安等（2011）则利用税务稽查部门上报的查实率作为税收努力水平的度量。本文意在对税收努力水平进行国际比较和国内省际比较，这两种方法都不适用。
② 此处测算的，是相对税收收入能力，即主要用于地区间的比较，而不是绝对的税收潜力概念。
③ 具体税收收入方法请参照附录4。

得税的标准税率。所有数据均来自国际货币基金组织网站。个人所得税标准税率通过如下方程估计：

$$indtax_{it} = \beta \, taxbase_{it} + \varepsilon_{it}$$

其中，$indtax_{it}$ 表示某一年度某一国家的个人所得税收入。i = 1，2，3，…，44，t = 1995，1996，…，2012。tax base 为对应的个人所得税税基，以"国内生产总值 – 农业增加值"作为代理税基。β 为我们要估计的标准税率，ε_{it} 为随机误差项。我们使用的回归方程无常数项，主要原因是为了保证：当个人所得税税基为零时，个人所得税税收收入也为零。

按照上述回归方程，我们得到了如表 6.4 所示的历年个人所得税标准税率。可以看到，选取的 44 个国家的标准税率，或者说"平均税率"，为 5.41% ~ 10.91%。我们算得的标准税率小于我们平时一般所说的平均税率[①]，主要是因为我们的税基指标选得较大，使得分母较大。但是，我们的目的是进行横向比较，在税基指标一致的前提下，并不影响我们的比较分析。

表 6.4　　　　历年个人所得税标准税率（跨国比较）

年份	标准税率	R^2	F 统计量
1995	0.0750 *** (4.67)	0.9154	21.80
1996	0.0766 *** (4.18)	0.8970	17.46
1997	0.0871 *** (3.14)	0.8311	9.87
1998	0.1042 *** (5.06)	0.9123	25.61
1999	0.1091 *** (4.27)	0.8782	18.25
2000	0.0583 *** (2959.18)	0.9998	—
2001	0.0652 *** (22.29)	0.9930	496.69

[①] 2008 年，全球范围内的个人所得税的平均税率为 29.2%，2009 年为 28.9%。

续表

年份	标准税率	R^2	F 统计量
2002	0.0636*** (21.55)	0.9926	464.23
2003	0.0657*** (38.25)	0.9970	1462.98
2004	0.0599*** (90.81)	0.9994	8246.82
2005	0.0927*** (15.35)	0.9790	235.74
2006	0.0669*** (194.34)	0.9995	37769.33
2007	0.0701*** (243.89)	0.9993	59484.59
2008	0.0763*** (71.03)	0.9963	5045.32
2009	0.0663*** (107.19)	0.9979	11489.38
2010	0.0564*** (14.37)	0.9802	206.59
2011	0.0614*** (11.41)	0.9710	130.27
2012	0.0541*** (128.09)	0.9910	16406.01

注：表中括号内为异方差稳健的 t 统计量，***、**、* 分别表示在1%、5%和10%的显著性水平下显著。

6.2.3 税收努力程度的国际比较

确定了标准税率之后，我们以标准税率乘以各国的代理税基，得到各国的个人所得税税收收入能力，再以各国的个人所得税实际税收收入，除以我们算得的税收收入能力，即得到各国各年的税收努力指数。

图 6.1 报告了我们计算的结果。可以明显地看出，在选取的 44 个国家中，中国大陆个人所得税的税收努力指数排名倒数第四，仅高于柬埔寨、中国澳门和俄罗斯，远远低于新西兰、澳大利亚、挪威、南非等国。中国税收努力程度较低，间接说明了管理因素在中国税收增长中所发挥的重要作用。金人庆（2002）曾对 1998~2001 年税收入增长进行了量化分析，研究结果表明，这四年间，在 7083 亿元的税收增收额中，管理因素对税收增长的平均贡献率为 25.6%。高培勇（2006）① 也曾指出，在中国，之所以加强税收征管能够促进税收增长，根本原因在于在中国现行税制诞生时，预留了很大的"征管空间"。因此，研究中国个人所得税的增长之谜，税收努力程度较低引起的税收流失是重要方面。

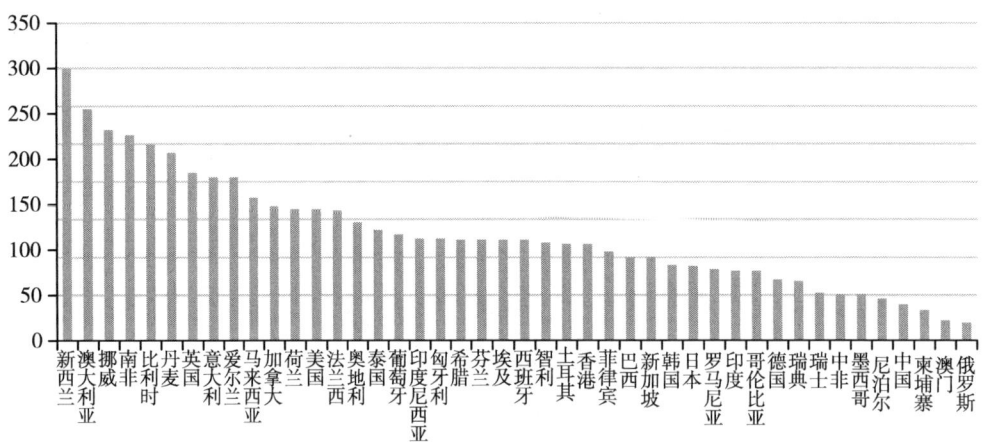

图 6.1 税收努力程度的国际比较（1995~2012 年平均）

资料来源：根据附录 2 计算而得。

分区域来看，六大洲中，大洋洲国家（样本中为澳大利亚和新西兰）税收努力指数最高，其次是非洲国家（样本中为中非和南非）、北美洲国家和欧洲国家，亚洲国家和南美洲国家税收努力指数最低②。这与 Ricardo & Pessino（2013）的研究结果比较接近。Ricardo & Pessino（2013）以 96 个国家为样本的研究表

---

① 高培勇：《中国税收持续高速增长之谜》，《经济研究》2006 年第 12 期。
② 按照 OECD（2012）的研究，在拉美，尽管它们的非直接税收和企业所得税提高了平均的税收收入（占 GDP 的比例），但它们的个人所得税和社会保障贡献率却远远低于经合组织国家的平均水平。一是因为发展中国家的大部分国家资金来自国际援助以及商品税、非税收收入（如对石油公司征收的所得税、特许权使用费，以及在相关商品部门活跃的国有企业）。此外，由于资源相关的收入较为容易获得，政府会懒于征收其他课征难度较大的税种，尽管后者的经济和社会效益都好得多。同时，个人所得税低主要是由于地方收入来源高度集中，人们倾向于少报收入，且到处是免税代码、信贷和免征（Daude & Melguizo，2012）。

明，欧洲国家税收努力指数最高，为0.77，其次是非洲国家（0.71），后面依次是北美国家（0.62），亚洲（0.59）和南美国家（0.58），如图6.2所示。

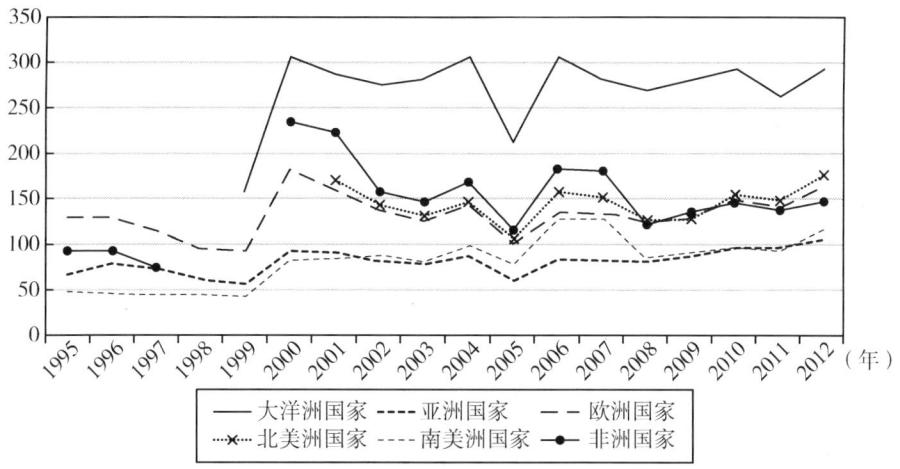

图6.2 分区域的税收努力指数（按国家平均）

资料来源：根据附录2计算而得。

从分区域比较的结果来看，虽然税收努力指数与一国经济发展水平有关，经济发展程度高的国家信息化程度高，具有更好的制度环境等。但是，我们看到，一方面，像新加坡和韩国这样的发达国家，税收努力指数比较低。我们可以把这部分归结于公共选择的结果。这些国家的个人所得税税率比较低，2012年，新加坡的最高个人所得税税率为20%，韩国为38%[①]。另一方面，即便是不发达的非洲国家，税收努力指数也远高于亚洲国家，探讨税收努力程度的影响因素，需要从制度、经济、文化等多方面进一步研究。

6.3 中国税务部门的税收努力程度：省际差异

研究表明，从国际比较的视角来看，中国的税收努力程度远远低于其他国家。本部分将从省际差异的视角，对中国税收努力程度的结构性差异进行分析。

---

① 韩国2005~2011年的个人所得税最高税率为35%。

6.3.1 标准税率的确定

沿用前文的估算方法，本部分我们继续用代表性税制法来研究中国税收努力程度的省际差异。如前文所述，已有一些学者利用代表性税制法研究了中国营业税、增值税和企业所得税的税收努力程度。由于个人所得税在中国税收比重中占比较少，对个人所得税的关注较其他税种少。

本部分使用的数据来自《中国统计年鉴》，我们将使用 31 个省市 2002~2013 年的数据，来确定每一年个人所得税的标准税率。个人所得税标准税率通过如下方程估计：

$$indtax_{it} = \beta \, taxbase_{it} + \varepsilon_{it}$$

其中，$indtax_{it}$ 表示某一年度某一省（市、自治区）的个人所得税收入。i = 1，2，3，…，31，t = 2002，2003，…，2013。tax base 为对应的个人所得税税基，以 "地区生产总值 - 第一产业增加值" 作为代理税基。β 为我们要估计的标准税率，ε_{it} 为随机误差项。与上文相同，回归方程无常数项。

表 6.5 是我们估算得到的每一年的标准税率。2002~2013 年，中国各省个人所得税的标准税率为 0.93%~0.11%，远低于国际的标准税率。中国的个人所得税标准税率经历了一个先上升，后下降的过程，标准税率的下降基本与历次个人所得税免征额调整的时间相对应，2006 年、2008 年、2012 年，个税标准税率均较上一年有较大程度的下降。

表 6.5　历年个人所得税标准税率（省际差异）

年份	标准税率	观察值	R^2	F 统计量
2002	0.0103 *** (11.46)	31	0.8142	131.45
2003	0.0104 *** (10.26)	31	0.7784	105.36
2004	0.0105 *** (9.91)	31	0.7659	98.13
2005	0.0105 *** (9.42)	31	0.7474	88.78

续表

年份	标准税率	观察值	R^2	F统计量
2006	0.0103*** (9.09)	31	0.7337	82.65
2007	0.0111*** (8.86)	31	0.7235	78.49
2008	0.0106*** (7.82)	31	0.6706	61.08
2009	0.0102*** (7.54)	31	0.6545	56.83
2010	0.0104*** (7.72)	31	0.6652	59.61
2011	0.0109*** (7.60)	31	0.6581	57.75
2012	0.0093*** (6.85)	31	0.6103	46.97
2013	0.0096*** (6.76)	31	0.6036	45.68

注：表中括号内为异方差稳健的 t 统计量，***、**、* 分别表示在1%、5%和10%的显著性水平下显著。

6.3.2 税收努力程度的省际差异

基于上述标准税率，我们得到了如图 6.3 所示的中国分省的税收努力指数。我国地区间税收努力指数差别较大，各地区税收努力指数从 44.26 到 344.38 不等。考虑到北京和上海"总部经济的税收效应"以及西藏的特殊情况①，剩下的 28 个省、市、自治区，税收努力指数最高的五个省为贵州省、海南省、新疆维吾尔自治区、天津市和云南省。税收努力指数最低的五个省（市、自治区）则为辽宁省、安徽省、青海省、河南省和山东省。大部分省份的税收努力指数在逐年增加（参见附录3）。

---

① 这里"总部经济的税收效应"是指在中国，很多企业，尤其是国有企业的总部在北京和上海，很多分公司或子公司的税收都由总公司代缴，形成北京和上海的税收收入。

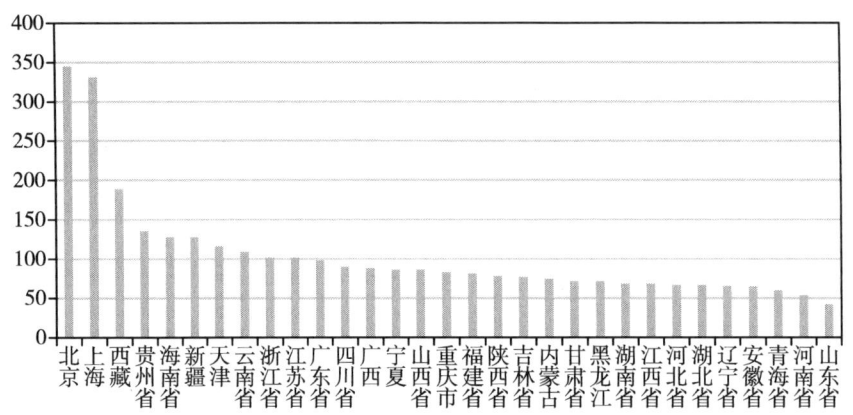

图 6.3 税收努力程度的省际差异（2002~2013 年平均）

资料来源：根据附录 3 计算而得。

分区域来看，东部地区税收努力指数最高，西部地区税收努力指数增加最为明显。但是，在 2006 年之后，东部地区除去北京市和上海市，其税收努力指数低于西部地区。中部地区的税收努力指数最低。东部地区征管资源丰富，征管人员素质较高，技术手段较为先进，纳税人素质高，从而征管能力也较高。对于西部地区较高的税收努力指数，我们认为，正是因为西部地区经济不发达，税源较为贫乏，因此，只有加大征收力度，才能完成税收收入计划，从而造成西部地区税收努力指数较高的局面。经济发达程度与税收努力指数的关系，需要联系具体情况进一步分析（见图 6.4）。本书重点在于从政府征税能力的角度探讨中国个人所得税的增长之谜，进一步的扩展分析有待日后继续挖掘研究。

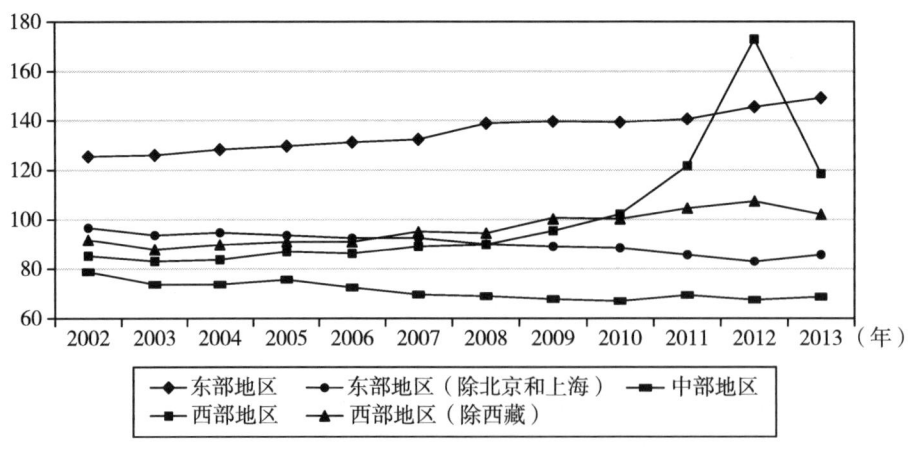

图 6.4 2002~2013 年分区域税收努力指数

资料来源：根据附录 3 数据整理而得。

6.4 税收努力程度对个人所得税税收规模的影响：实证检验

6.4.1 模型设定

本部分，我们将重点考察税收努力程度与个人所得税占税收收入比重之间的关系。与第5章的研究相对应，我们设定的计量模型如下：

$$indtax_{it} = \alpha_i + \beta_1 taxeffort_{it} + \beta_2 X_{it} + \delta_i + \varepsilon_{it}$$

其中，$indtax_{it}$ 为被解释变量，代表个人所得税的相对规模，以第 i 省第 t 年个人所得税税收收入占总税收收入的比重来衡量。

$taxeffort_{it}$ 为我们关心的关键变量，为第 i 省第 t 年的税收努力程度，以上文我们计算得到的税收努力程度来衡量。β_1 为税收努力程度与个人所得税占比之间的相关系数，若 β_1 显著为正，则表明税收努力程度与个税占比之间存在正向促进关系；若 β_1 显著为负，则表明税收努力程度与个税占比之间存在负向抑制关系；若 β_1 的估计结果不显著，说明税收努力程度与个税收入占比之间关系不明显。

X_{it} 为影响个人所得税的其他变量，包括产业结构变量：第二产业占比和第三产业占比，衡量经济发展水平的人均GDP取自然对数，衡量对外开放程度的进出口占比和外商投资占比，衡量政府干预经济程度的财政收入与财政支出占比，除此之外，我们还分别控制了城镇居民人均可支配收入和农村居民人均纯收入。ε_{it} 是随机扰动项，δ_i 代表特定省份可能存在的，一些不被观察到，但不随时间变化的影响个税相对规模的因素。为消除 δ_i 对计量结果的可能影响，以下实证检验中均采用固定效应模型。Hausman 检验也支持选择固定效应模型。

6.4.2 数据来源与描述性统计

本文研究采用 2002~2013 年的省级面板数据，样本观察值为 372 个。数据主要来自历年《中国税务年鉴》和《中国统计年鉴》。

表 6.6 对主要变量进行了描述性统计分析。平均来说，个人所得税税收收入占总税收收入比重为 6.17%，其中，占比最低为 2.65%，最高为 21.26%。税收努力程度均值为 103.18，但方差较大，表明税务部门工作效率差异明显，最小值为 40.65，最大值为 442.73，达最小值的 10 倍之多。其他变量取值亦均在正常范围。

表 6.6 主要变量的描述性统计

	观察值	均值	方差	最小值	最大值
ln 个税收入	371	13.18	1.27	8.69	16.00
个税收入占总收入比重	371	6.17	1.84	2.65	21.26
税收努力程度	371	103.18	71.36	40.65	442.73
第二产业占比	372	47.18	8.18	20.40	61.50
第三产业占比	372	40.10	7.97	28.60	76.90
ln 人均 GDP	372	9.91	0.72	8.06	11.51
进出口占比	372	32.70	40.83	3.66	168.08
财政收入占比	372	8.73	2.88	4.31	18.84
财政支出占比	372	21.38	16.23	7.92	129.14
ln 城镇居民人均可支配收入	372	9.50	0.45	8.69	10.71
ln 农村居民人均纯收入	372	8.41	0.56	7.29	9.88
外商直接投资占比	310	2.51	2.06	0.07	8.17

6.4.3 初步分析结果

基于上述估计模型，本书首先使用固定效应模型研究了税收努力程度与个人所得税税收收入相对规模之间的关系。估计结果如表 6.7 所示。从表 6.7 的估计结果来看，无论是否加入其他控制变量，税收努力程度与个人所得税税收收入相对规模之间都存在显著的正向关系。税收努力程度每增加 1 个点，个人所得税的相对规模增加约 4%。这在一定程度上解释了前文的研究结果：中国的税收努力程度远低于其他国家，因此与其他国家相比，个人所得税占税收收入的比重也较低。

第6章 个税占比与政府税收能力:从政府有效性角度的考察

表6.7 税收努力程度与个税占比的关系

被解释变量:个人所得税占总税收收入比重(%)

	(1)	(2)	(3)	(4)	(5)	(6)	(7)	(8)
税收努力程度	0.0387*** (23.25)	0.0386*** (27.26)	0.0392*** (27.49)	0.0431*** (28.95)	0.0406*** (25.07)	0.0433*** (30.37)	0.0433*** (30.30)	0.0490*** (26.47)
第二产业占比	-0.265*** (-13.96)	0.0111 (0.38)	0.0201 (0.69)	0.0139 (0.50)	0.00150 (0.05)	-0.0890*** (-3.52)	-0.0917*** (-3.53)	-0.0689** (-2.45)
第三产业占比	-0.367*** (-15.19)	-0.0609* (-1.79)	-0.0588* (-1.74)	-0.0449 (-1.40)	-0.0486 (-1.54)	-0.103*** (-3.71)	-0.106*** (-3.72)	-0.0901*** (-3.05)
ln 人均GDP		-1.507*** (-11.35)	-1.550*** (-11.66)	-0.697*** (-3.74)	-0.776*** (-4.20)	3.418*** (8.00)	3.478*** (7.78)	2.423*** (4.96)
进出口总额占比			-0.0113** (-2.46)	-0.0118*** (-2.71)	-0.0114*** (-2.67)	-0.0154*** (-4.13)	-0.0154*** (-4.14)	-0.0171*** (-4.52)
一般预算收入占比				-0.319*** (-6.22)	-0.358*** (-6.92)	-0.236*** (-5.11)	-0.230*** (-4.78)	-0.268*** (-4.99)
一般预算支出占比					0.0360*** (3.45)	0.0231** (2.54)	0.0245** (2.55)	0.0147 (1.49)
ln 城镇居民人均可支配收入						-5.750*** (-10.59)	-5.533*** (-7.63)	-4.400*** (-5.51)

续表

	(1)	(2)	(3)	(4)	(5)	(6)	(7)	(8)
				被解释变量：个人所得税占总税收收入比重（%）				
ln 农村居民人均纯收入							−0.303 (−0.45)	0.226 (0.30)
外商直接投资占比								0.0796* (1.95)
是否控制年份固定效应	YES	YES	YES	YES	YES	YES	YES	YES
常数项	29.38*** (17.28)	19.03*** (11.12)	19.25*** (11.32)	12.94*** (6.79)	14.27*** (7.46)	32.87*** (13.61)	32.91*** (13.60)	26.32*** (9.78)
观察值	371	371	371	371	371	371	371	310

注：表中括号内的数据为异方差稳健的 t 统计量，***、**、* 分别表示在 1%、5% 和 10% 的显著性水平下显著。

第二产业占比和第三产业占比对个人所得税占比的效应显著为负,见表6.7第2行和第3行。对于该结果,我们认为,可以从上一章结论的角度来解释。相对于第一产业,第二产业和第三产业的非正规经济规模更高,更易出现税基的漏出,因此个人所得税占比更低,且在第二产业和第三产业,较高的个人所得税更易导致对工作的扭曲,工作激励下降也会导致税基变窄,个人所得税占税收收入比重下降。

进出口总额占比对个人所得税税收收入占比的影响显著为负。进出口金额越大,国家对外开放水平越高,对于高收入个体,则有更多的可能通过财富的国际流动来进行税收筹划。相比其他税种,由于个人所得税收入来源灵活,收入确定且具有主观性,更容易成为高收入群体用来进行合理避税的手段。中国与国际社会的不断融合,可能是中国个人所得税一直占税收收入比重较小的一个原因。

6.4.4　进一步分析

虽然税收努力程度与个税占比之间存在显著的正向关系,但是这种关系会不会随着时间的推移逐步减弱?针对这一问题,我们进一步引入税收努力程度的滞后项,来研究税收努力程度与个税占比之间的时间效应。

表6.8报告的是我们引入税收努力程度的滞后变量的估计结果。在表6.7的基础上,我们选取了回归结果较为显著的几个控制变量,同时逐步引入税收努力程度的一阶滞后项、二阶滞后项、三阶滞后项和四阶滞后项,见表6.8的第(5)列,第(6)列,第(7)列和第(8)列。研究结果表明,虽然当期的税收努力程度与个税占比之间是显著的正向关系,但是对下一年的个税占比却是显著的负向关系。税收努力程度对第3年、第4年和第5年的个税占比没有显著的影响。

这一结果值得我们深思。税务部门增加税收努力程度,虽然能够带来当年个税收入占比的增加,与此同时,伴随着的却是下一年个税收入占比的下降,而且税收努力程度不会带来长期个税占比的增加。也就是说,税务部门加强对个人所得税的征收,往往可能是面对某些政绩压力下的临时应对之策,很有可能是"寅吃卯粮",会带来税收结构更大的扭曲。因此,我们不能盲目地说增加税务部门的税收努力程度,需要考虑某一政策改变可能引起的各个方面的效果,需税务工作者以及决策者对此问题重点关注。

表 6.8 引入税收努力程度的滞后变量的估计结果

被解释变量：个人所得税占总税收收入比重（%）

	(1)	(2)	(3)	(4)	(5)	(6)	(7)	(8)
税收努力程度	0.0382*** (27.23)	0.0408*** (32.85)	0.0409*** (31.32)	0.0447*** (25.60)	0.0520*** (23.04)	0.0546*** (23.94)	0.0546*** (25.19)	0.0537*** (26.16)
第二产业占比	0.0583*** (4.62)	-0.00312 (-0.25)	-0.00343 (-0.28)	0.0119 (0.87)	0.00417 (0.30)	-0.00149 (-0.10)	-0.0136 (-0.81)	-0.00734 (-0.41)
Ln 人均 GDP	-1.696*** (-21.00)	2.721*** (6.42)	2.762*** (6.22)	1.831*** (3.74)	1.463*** (2.99)	2.030*** (3.72)	2.182*** (3.28)	1.194* (1.75)
Ln 城镇居民人均可支配收入		-5.896*** (-10.56)	-5.739*** (-7.66)	-4.893*** (-5.86)	-3.651*** (-4.17)	-3.281*** (-3.53)	-3.831*** (-3.67)	-3.018** (-2.49)
Ln 农村居民人均纯收入			-0.202 (-0.31)	0.343 (0.46)	-0.205 (-0.25)	-1.078 (-1.22)	-0.592 (-0.59)	-0.0686 (-0.06)
外商直接投资占比				0.0310 (0.72)	0.0158 (0.36)	0.0513 (1.12)	0.0306 (0.60)	0.0222 (0.38)
税收努力程度滞后 1 期					-0.0156*** (-4.15)	-0.0238*** (-3.88)	-0.0203*** (-3.32)	-0.0159** (-2.61)
税收努力程度滞后 2 期						0.00702 (1.33)	0.00801 (1.29)	0.00962 (1.52)

第6章 个税占比与政府税收能力：从政府有效性角度的考察

被解释变量：个人所得税占总税收收入比重（%）

	(1)	(2)	(3)	(4)	(5)	(6)	(7)	(8)
税收努力程度滞后3期							-0.00448 (-0.76)	0.000353 (0.05)
税收努力程度滞后4期								-0.0133* (-1.90)
是否控制年份固定效应	YES	YES	YES	YES	YES	YES	YES	YES
常数项	16.28*** (21.35)	31.16*** (20.02)	30.96*** (18.38)	26.42*** (14.07)	24.12*** (12.55)	22.30*** (10.86)	22.55*** (9.58)	20.25*** (6.72)
观察值	371	371	371	310	279	248	217	186

注：表中括号内的数据为异方差稳健的 t 统计量，***、**、* 分别表示在 1%、5% 和 10% 的显著性水平下显著。

进一步地，我们将样本分为东部地区、中部地区和西部地区进行子样本分析，得到的结果如表 6.9 所示。第（1）列至第（4）列为东部地区样本的估计结果，第（5）列至第（8）列为中部地区样本的回归结果，第（9）列至第（12）列为西部地区样本的估计结果。得到的结果也比较有趣。对于东部地区而言，当期的个税收入占比与当期的税收努力程度之间关系不显著，却与滞后 2 期和滞后 3 期的税收努力程度之间呈显著的正向关系；对于中部地区，个税收入占比与当期的税收努力程度，滞后 1 期的税收努力程度，以及滞后 2 期的税收努力程度之间呈显著的正向关系；对于西部地区，个税收入占比与当年的税收努力程度之间呈显著的正向关系，与滞后 1 期的税收努力程度之间为显著的负向关系，与后面年份的税收努力程度之间则无显著关系。

从上述结果来看，分析税收努力程度对个人所得税税收收入相对规模影响的时间效应，还需分结构分析。对于经济较为发达的东部地区，增加税收努力程度对个人所得税税收收入相对规模的变化需要一定的时间来消化，这种周期长于中部地区和西部地区；对于中部地区，增加税收努力程度的效果显现较快，体现在当年的个税收入占比的增加；西部地区增加税收努力程度的即时效应更加明显，且一直在 1% 的显著性水平下保持显著，西部地区税收努力程度每增加 1 个单位，个人所得税的相对规模可增加 5.7%，但是西部地区这种个税相对规模的增加具有明显的短期扭曲效应，会导致下一年个税相对规模的下降。长期来看（大于或等于 5 年），无论是东部地区、中部地区还是西部地区，税收努力程度的增加对改变个人所得税的相对规模并无显著作用。

税收努力程度对个人所得税税收收入相对规模影响的时间效应可能体现了不同地区增加税收努力程度的差异。在东部地区，增加税收努力程度的效果在第 3 年才开始显现，可能的原因是，东部地区是通过制度建设、增强对税务工作人员的培训、提高人员素质来增加税收努力程度；中部地区既有可能增加本年对企业的税收征收，也可能同时增强制度建设，增加税收努力程度的即时效果明显，但没有出现对未来税基的"压榨"现象；西部地区增加税收努力程度具有极强的即时效应，但存在对未来个人所得税税基的"压榨"，造成下一年个税相对规模的明显下降。

第6章 个税占比与政府税收能力：从政府有效性角度的考察

表6.9 引入税收努力程度方程的滞后变量分地区的估计结果

被解释变量：个人所得税占总税收收入比重（%）

	东部地区					中部地区				西部地区		
	(1)	(2)	(3)	(4)	(5)	(6)	(7)	(8)	(9)	(10)	(11)	(12)
税收努力程度	0.0130 (1.53)	0.00886 (1.01)	0.00914 (1.19)	0.0112 (1.39)	0.0220 (1.62)	0.0314** (2.42)	0.0428*** (2.88)	0.0352** (2.23)	0.0531*** (29.85)	0.0573*** (28.77)	0.0573*** (26.82)	0.0569*** (24.17)
第二产业占比	-0.0535 (-1.49)	-0.0616* (-1.73)	-0.108*** (-2.89)	-0.0782** (-2.00)	-0.0554* (-1.91)	-0.0802** (-2.56)	-0.0711* (-1.91)	-0.0369 (-0.96)	-0.0190 (-1.41)	-0.0145 (-1.08)	-0.00652 (-0.37)	0.00262 (0.12)
Ln人均GDP	-1.502 (-1.09)	-0.198 (-0.12)	1.017 (0.56)	0.0825 (0.04)	2.140* (1.79)	4.041*** (3.11)	2.827 (1.61)	0.844 (0.46)	0.0307 (0.06)	0.372 (0.71)	0.548 (0.80)	0.257 (0.32)
Ln城镇居民人均可支配收入	1.938 (0.79)	-0.224 (-0.09)	-4.614* (-1.79)	-4.984* (-1.72)	-10.55*** (-4.55)	-10.48*** (-4.65)	-8.827*** (-3.15)	-5.854* (-1.79)	-0.780 (-0.84)	-0.342 (-0.35)	-0.441 (-0.36)	-0.671 (-0.44)
Ln农村居民人均纯收入	-2.453 (-1.22)	-1.809 (-0.91)	1.178 (0.62)	2.527 (1.18)	6.201*** (2.94)	4.057* (1.72)	4.076 (1.34)	3.720 (1.15)	-0.538 (-0.77)	-1.329* (-1.75)	-1.384 (-1.39)	-0.786 (-0.60)
外商投资占比	0.0248 (0.34)	0.0410 (0.53)	0.0719 (0.87)	0.0262 (0.26)	0.170* (1.78)	0.309*** (2.87)	0.178 (1.15)	0.0802 (0.42)	-0.0910** (-1.99)	-0.0727 (-1.56)	-0.102* (-1.85)	-0.120* (-1.71)
税收努力程度滞后1期	0.00242 (0.29)	-0.0112 (-1.25)	-0.0138* (-1.72)	-0.00950 (-1.19)	0.0412*** (3.01)	-0.00582 (-0.35)	0.000323 (0.02)	0.00788 (0.44)	-0.00492 (-1.07)	-0.0250*** (-3.50)	-0.0246*** (-3.09)	-0.0245*** (-2.67)
税收努力程度滞后2期		0.0211** (2.33)	0.0111 (1.34)	0.00497 (0.56)		0.0449*** (3.50)	0.0488** (2.58)	0.0452** (2.43)		0.0214*** (3.18)	0.0141 (1.62)	0.0131 (1.36)

续表

	被解释变量：个人所得税占总税收收入比重（%）											
	东部地区				中部地区				西部地区			
	(1)	(2)	(3)	(4)	(5)	(6)	(7)	(8)	(9)	(10)	(11)	(12)
税收努力程度滞后3期			0.0153* (1.96)	0.0147* (1.79)			-0.0168 (-1.07)	-0.00222 (-0.11)			0.00877 (1.02)	0.00641 (0.59)
税收努力程度滞后4期				0.00527 (0.47)				-0.0213 (-1.26)				0.000372 (0.04)
是否控制年份固定效应	YES	YES	YES	YES	YES	YES	YES	YES	YES	YES	YES	YES
常数项	25.21*** (8.52)	26.90*** (7.86)	32.41*** (8.83)	32.08*** (6.17)	30.47*** (6.36)	29.50*** (6.49)	25.14*** (4.13)	18.69*** (2.41)	14.12*** (5.48)	12.42*** (4.74)	11.62*** (3.52)	11.59*** (2.73)
观察值	99	88	77	66	63	56	49	42	117	104	91	78

注：表中括号内的数据为异方差稳健的 t 统计量，***、**、* 分别表示在1%、5%和10%的显著性水平下显著。

6.5 本章小结

本章，我们从政府征税能力的两个方面：财政能力投资和税收努力程度的视角，研究了在中国个人所得税增长过程中，政府征税能力所发挥的作用，得出如下结论。

第一，中国的财政能力投资在不断增加，结构也在不断优化。1996～2013年，中国税务部门从业总人数，尤其是地税部门从业总人数一直在不断增长。无论是国税还是地税部门，高学历人群占比不断增加，中专及以下学历的税务人员总量和占比都大幅度下降。税务部门从业人员经验也趋于丰富，35岁以下的税务人员大幅度减少，36～59岁的较具经验的税务人员无论从绝对值和占总税务部门从业人员的比重上，都有较大幅度的增长。

第二，中国的财政能力投资远高于美国，但人均税收额远低于美国。2013年，美国税务工作者总人数为132600人，而同年中国税务部门从业总人数为871975人，是美国的6.58倍。2013年，中国个人所得税税收收入为6531.53亿元，税务工作者人均税收额为74.9050万元，当年美国个人所得税税收收入为3469.65亿美元，人均税收额为261.6629万美元，美国税务工作者的人均税收额是中国的近21倍。

第三，从国际比较来看，中国的税收努力程度很低。我们选择代表性税制法对中国的税收努力程度进行国际比较和省内差异分析。研究发现，中国的税收努力程度很低。在选取的44个样本国家中，中国的税收努力指数为倒数第四。从省际差异来看，中国税收努力程度最高的是东部地区，其次是西部地区，中部地区税收努力程度最低。

第四，通过研究税收努力程度与个人所得税税收收入相对规模之间的关系，我们发现：若在全国范围内进行考察，税收努力程度与个人所得税税收收入相对规模之间具有稳定的正向关系；若考虑这种关系的时间效应，我们的研究结果表明，税收努力程度对个人所得税税收收入相对规模的促进作用会随着时间的推移而消逝；若是分地区来进行考察，东部地区增加税收努力程度的效果，需要3~4年才逐步体现，中部地区和西部地区增加税收努力程度的效果会在当年显现，但西部地区会出现对下一年个人所得税税收收入相对规模的抑制；无论是东部地区、中部地区还是西部地区，从第5年开始，税收努力程度与个人所得税税收收入相对规模之间的关系不再显著。

第7章 个税占比与政府征税激励

在第4章和第5章,我们探讨了经济增长转化为居民收入、扩大税基的重要性。但是,即使经济增长对于扩大税收网络和税基很重要,它并不能自动转化为较高的税收,它取决于税制和征管体系。第6章,我们对政府的税收能力进行了讨论;本章,我们将从政府征税激励的角度,探讨中国的个人所得税的变化路径。

从1978年到现在,中国处于基础设施建设和社会福利建设"双碰头"的时期①,大量的公共服务支出必然需要大量的政府收入作为支撑。在一国经济高速发展时期,一般都伴随着国家权力和征税能力的扩张(Besley & Persson,2014)。正常来说,政府都有寻求高水平税收的激励。中国滞后于经济增长的个税增长,一方面是由于税基的作用,另一方面,政府的征税激励在个税增长上又发挥了何种作用,这将是本章要分析的主要内容。

7.1 个人所得税与工资水平的变化:免征额调整的影响

1980~2014年,很长一段时间内,800元的工薪所得费用扣除标准都远远超过平均工资水平。表7.1列示了1980~2014年中国工薪所得税免征额、城镇非私营企业单位就业人员年平均工资和消费物价的变化情况。可以看出,1980~2000年,城镇非私营单位就业人员的年平均工资均低于工薪所得税的免征额。免征额与平均工资之平均比率达到5.55。这段时期,中国个人所得税税收收入

---

① 汪德华:《近期不宜死守3%赤字率红线》,《新京报》2014年10月20日。

较低,从"亿元时代"逐渐进入"十亿时代""百亿时代",到 2000 年,中国的个人所得税税收收入为 660 亿元,仅占当年税收收入的 5.24%。

表 7.1　　工薪所得税免征额、平均工资水平和物价

年份	工薪所得税免征额（元）	城镇非私营单位就业人员年平均工资（元/月）	消费价格指数（1978 年 = 100）	免征额与工资之比率（%）	个人所得税税收收入（亿元）
1980	800	63.50	109.5	12.60	0.0016
1981	800	64.33	112.2	12.44	0.0500
1982	800	66.50	114.4	12.03	0.1000
1983	800	68.83	116.7	11.62	0.1700
1984	800	81.17	119.9	9.86	0.3400
1985	800	95.67	131.1	8.36	1.3200
1986	800	110.75	139.6	7.22	5.2500
1987	800	121.58	149.8	6.58	7.1700
1988	800	145.58	177.9	5.50	8.6800
1989	800	161.25	209.9	4.96	17.1200
1990	800	178.33	216.4	4.49	21.1300
1991	800	195.00	223.8	4.10	25.0300
1992	800	225.92	238.1	3.54	31.3600
1993	800	280.92	273.1	2.85	46.8200
1994	800	378.17	339.0	2.12	72.6700
1995	800	445.67	396.9	1.80	131.3900
1996	800	498.33	429.9	1.61	193.0600
1997	800	537.00	441.9	1.49	259.5500
1998	800	620.50	438.4	1.29	338.5900
1999	800	693.25	432.2	1.15	414.2400
2000	800	777.75	434.0	1.03	660.0000
2001	800	902.83	437.0	0.89	995.2600
2002	800	1031.08	433.5	0.78	1211.7800
2003	800	1164.08	438.7	0.69	1418.0300

续表

年份	工薪所得税免征额（元）	城镇非私营单位就业人员年平均工资（元/月）	消费价格指数（1978年=100）	免征额与工资之比率（%）	个人所得税税收收入（亿元）
2004	800	1326.67	455.8	0.60	1737.0600
2005	800	1516.67	464.0	0.53	2094.9100
2006	1600	1738.00	471.0	0.92	2453.7100
2007	1600	2060.08	493.6	0.78	3185.5800
2008	2000	2408.17	522.7	0.83	3722.3100
2009	2000	2687.00	519.0	0.74	3949.3500
2010	2000	3044.92	536.1	0.66	4837.2700
2011	3500	3483.25	565.0	1.00	6054.1100
2012	3500	3897.42	579.7	0.90	5820.2800
2013	3500	4290.25	594.8	0.82	6531.5300
2014	3500	4696.67	606.7	0.75	7376.5700

资料来源：第1列数据来自前文整理；第2列和第3列数据来自CEIC；第4列数据为第1列除以第2列所得；第5列数据1980~2000年的个人所得税税收收入来自国家税务总局所得税管理司：《我国个人所得税收入情况一览》，《中国税务》2001年第6期；2001~2014年的个人所得税税收收入数据来自国家统计局网站数据中心http://data.stats.gov.cn。

2001年开始，工薪所得个人所得税开始"普遍化"，除2011年外，工薪所得税费用扣除标准均在平均工资水平之下，这段时期居民收入增长迅速，个人所得税征收开始走向"大众化""平民化"。由于个人所得税的"普遍化"，且为直接扣缴，人们对于个人所得税的税负更为敏感，提高工薪所得税费用扣除标准一直是社会以及媒体关注的热点[①]。因此，从2006年开始，中国政府对工薪所得的费用扣除标准提高了三次，如此调整，使得到2014年，个人所得税占税收收入的比重依然维持在6%左右的水平。

虽然从全国层面来看，整体工资水平在上升，个人所得税税收收入绝对值一直在上升。但是，如果我们进一步细分到地方基层政府层面，就会发现，部分地区，尤其是县级层面，工资水平提升幅度并未达到全国平均水平。当以全

---

① 仅CNKI上以"个税起征点"为关键词搜索到的来自中国重要报纸全文数据库的文章就有2225篇。但是，关注的热点基本都集中在个人所得税调整收入分配的功能。

国统一的标准上调个人所得税工薪所得费用扣除标准后,在部分县,即便到了 2007 年,个人所得税(特指工薪所得)仍然只是针对当地"高收入人群"的税收。以湖北省咸宁市通城县为例,1998 年,该县征收的个人所得税税收收入为 300 万元,但是,2007 年,该县个人所得税税收收入仅为 116 万元。这样的县并不是个例。表 7.2 统计了 1998~2007 年中国县级层面个人所得税税收收入的变化情况。在 1998 年和 2007 年数据相匹配的 3395 个行政单位个数中①,2007 年的个人所得税税收收入较 1998 年绝对值下降的行政单位就有 829 个,其中,东部地区有 214 个,中部地区有 329 个,西部地区有 286 个。中部地区个税下降的行政单位数最多,达到中部地区行政单位个数整体比例的 32.97%。

表 7.2　1998~2007 年中国个税变化情况(细分到县级层面)

			2557 个
2007 年较 1998 年个税增加的行政单位个数	其中:东部地区	行政单位个数	806
		占东部地区整体比例	79.02%
	其中:中部地区	行政单位个数	668
		占中部地区整体比例	66.93%
	其中:西部地区	行政单位个数	1083
		占西部地区整体比例	78.65%
			829 个
2007 年较 1998 年个税减少的行政单位个数	其中:东部地区	行政单位个数	214
		占东部地区整体比例	20.98%
	其中:中部地区	行政单位个数	329
		占中部地区整体比例	32.97%
	其中:西部地区	行政单位个数	286
		占西部地区整体比例	20.77%
2007 年较 1998 年个税不变的行政单位个数			9 个
	其中:东部地区	行政单位个数	0
		占东部地区整体比例	0

---

① 之所以称行政单位,而非县,是因为在《中国地市县财政统计资料》中,不仅统计了县级层面的数据,也有省级层面和地市级层面数据,本书并未将省级数据和地市级数据剥离开来,而是放在一起统一分析。在原始数据中,1998 年有 3648 个观察值,2007 年有 3961 个观察值,两者匹配的有 3644 个观察值,再剔除 1998 年没有数据的和 2007 年没有数据的,得到 3395 个有效观察值。

续表

2007年较1998年个税不变的行政单位个数	其中：中部地区	行政单位个数	1
		占中部地区整体比例	0.10%
	其中：西部地区	行政单位个数	8
		占西部地区整体比例	0.58%

图7.1进一步统计了1998～2007年不同个税变化率的行政单位个数。可以看出，1998～2007年，大部分地区的个人所得税税收收入都在增长，增幅主要集中在300%以内。然而，也有不少比例的地区个人所得税降幅明显，下降幅度平均分布在1%～70%。1998～2007年，三次个税政策的调整：1999年的征收存款利息所得个人所得税，2000年针对个人独资企业和合伙企业的企业所得税和个人所得税，2006年的上调工薪所得费用扣除标准，前两次都是增加个人所得税的政策，只有第三次政策调整，上调工薪所得费用扣除标准，是减少个人所得税的政策。因此，可以推测，这些个人所得税绝对额下降的地区，一方面是收入增长较为缓慢，在全国"一刀切"的个人所得税扣除标准下，收入增长的速度低于免征额的跳跃式变化，所以带来个人所得税税收收入的下降；另一方面，免征额调整之后，很多县级地区只有少数"高收入群体"进入个人所得税纳税人系列，这也减少了当地税务部门对这少部分人的征税激励。

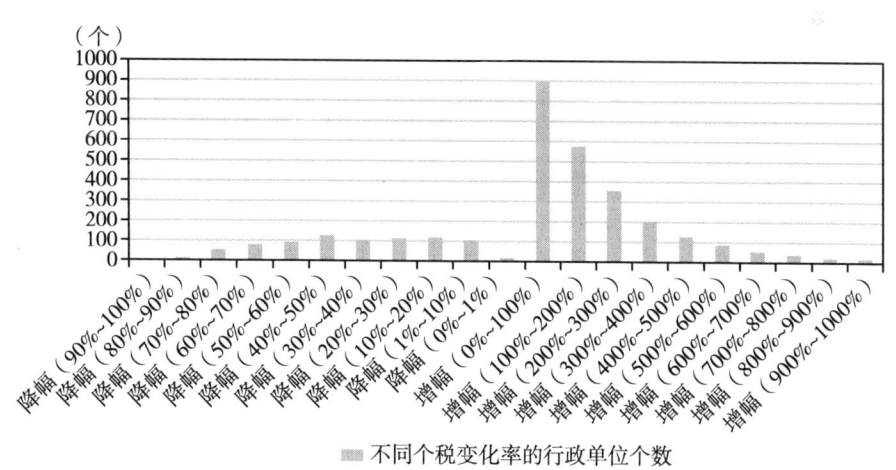

图7.1 不同地区1998～2007年个人所得税税收收入变化率

7.2 对流转税及其他非税收入的依赖是否降低了征收个人所得税的激励

在税收决策的标准框架中,政府只负责对其开支融资(Besley & Persson,2015)。但是,具体融资的来源可以是多样化的。对于发展中国家而言,外国援助、开发自然资源、征税、借债等,都是政府可选择的融资方式。即便是征税,也有对商品流通征税和直接对所得征税之分。在第 2 章,图 2.5 清楚地表明,与其他国家相比,中国税制结构明显更依赖流转税而非所得税。那么,中国对流转税和其他非税收入的依赖降低了政府征收个人所得税的激励吗?本部分将利用中国的县级数据,对该问题进行检验。

本部分检验所使用数据,来自《中国地市县财政统计资料》。在《中国地市县财政统计资料》中,仅 1998~2007 年统计了个人所得税的税收数据,因此,本书主要使用 1998~2007 年的县级面板数据来研究流转税、其他所得税以及地方对平衡性收入的依赖与个人所得税之间的关系。

本部分研究采用的基准模型如下:

$$incometax_{it} = \beta_0 + \beta_1 vat_{it} + \beta_2 salestax_{it} + \beta_3 corptax_{it} + \beta_4 transfer_{it} \\ + \beta_5 gdp_{it} + \beta_6 pop_{it} + \delta_i + \varepsilon_{it}$$

其中,$incometax_{it}$ 为 i 县第 t 年的个人所得税占税收收入的比重,vat_{it} 为 i 县第 t 年的增值税占税收收入的比重,$salestax_{it}$ 为 i 县第 t 年的营业税占税收收入的比重,$corptax_{it}$ 为 i 县第 t 年的企业所得税占税收收入的比重,$transfer_{it}$ 为 i 县第 t 年的平衡性收入占比,平衡性收入以该县(总收入—税收收入—净结余)来定义,平衡性收入占比则计算为:平衡性收入/(总税收收入 + 平衡性收入)×100。gdp_{it} 为地区生产总值,pop_{it} 为地区总人口,地区生产总值和总人口均取自然对数。所有变量都在 5% 的水平进行了双向缩尾处理(Winsorize)。δ_i 为年份固定效应。ε_{it} 为随机误差项。

影响个人所得税的因素很多,在此并没有一一控制,这是因为,本部分的讨论仅在于做相关性分析,而不在于说明因果意义,并不是说研究因果关系不重要。原因一方面在于,我们的目的是验证地方政府对征收其他收入的激励与征收所得税激励之间的相关关系；另一方面在于，本部分研究使用的是县级层面数据，其他县级层面影响个人所得税的变量数据不可得。即便如此，我们认为，观察这些数据之间的相关性是一个有益的开端，有助于我们未来对此问题进行更深一步的研究。

表7.3是对主要变量的描述性统计。描述性统计能够让我们对数据整体有一定的把握和了解。个人所得税、营业税、增值税、企业所得税、平衡性收入和地区生产总值形成平衡面板数据。2002年之后的总人口数据缺失，因此，加上总人口之后的数据为非平衡面板数据。对于地方政府而言，较多的地方政府依赖中央政府和上一级政府的转移支付，因此平衡性收入占比较高，平均达到59.63%。整体税收收入中，地方政府对营业税依赖程度最高，营业税占税收收入比重均值为23.69%，其次是增值税，平均占税收收入的15.72%，企业所得税占税收收入比重均值比个人所得税略高，为7.24%，个人所得税占比均值为5.42%，与宏观层面数据较为吻合。

表7.3　　　　　　　　　　主要变量的描述性统计

变量	观察值	均值	方差	最小值	最大值
个人所得税占税收收入比重	38096	5.42	3.26	1.31	13.38
增值税占税收收入比重	38284	15.72	7.95	4.60	33.07
营业税占税收收入比重	38599	23.69	11.28	8.15	48.31
企业所得税占税收收入比重	38199	7.24	6.19	0.34	22.53
平衡性收入占比	38710	59.63	19.49	25.86	91.56
地区生产总值	36469	12.74	1.49	10.03	15.59
总人口	14197	3.92	1.18	1.79	6.32

表7.4报告了我们检验的结果。令人意外的是，增值税、营业税、平衡性收入与个人所得税之间，均显示出显著的正向关系，且均在1%的显著性水平下显著。也就是说，对于地方政府而言，征收较多的流转税，得到上一级政府更多的转移支付，并不会减少他们征收个人所得税的激励。相反，地方政府征收流转税、个人所得税和争取上一级转移支付的激励是一致的。对于这点，我们认为，这个结论显示出了地方税务部门在争取不同来源的收入时显示出的一致性。1994年分税制改革之后，地方政府，尤其是县一级政府，基本都处于"缺钱"状态，所以不会因为A收入增加了，就放松或减少对B类收入的追逐，尤其是

地方官员在面临要"出政绩"的压力下,需要支出的地方多,不同收入之间的替代效应就会弱得多。

表7.4 其他税收、平衡性收入与个人所得税的相关关系

	被解释变量:个人所得税收入占总税收收入比重					
增值税占总税收收入比重	0.0451*** (18.00)	0.0435*** (17.42)	0.0435*** (17.46)	0.0451*** (17.58)	0.0338*** (12.98)	0.0353*** (4.91)
营业税占总税收收入比重		0.0290*** (16.59)	0.0280*** (15.64)	0.0303*** (16.39)	0.0257*** (13.93)	0.0290*** (6.52)
企业所得税占总税收收入比重			0.0172*** (6.19)	0.0186*** (6.55)	0.0253*** (8.90)	-0.0131*** (-2.85)
地区生产总值				-0.203*** (-6.88)	-0.139*** (-4.72)	0.0574 (0.92)
平衡性收入占比					0.0288*** (20.96)	0.0169*** (5.63)
总人口						0.414*** (4.02)
是否控制年份固定效应	YES	YES	YES	YES	YES	YES
常数项	5.632*** (111.63)	5.099*** (85.25)	4.983*** (75.44)	7.490*** (20.00)	5.541*** (14.46)	2.361*** (2.81)
观察值	37764	37755	37465	35489	35486	13788

注:表中括号内的数据为异方差稳健的t统计量,***、**、*分别表示在1%、5%和10%的显著性水平下显著。

表7.4中,唯一的一个例外是最后一列企业所得税的回归结果。在这里,企业所得税占税收收入的比重和个人所得税税收收入的比重之间显示出显著的负向关系。当然,这个结果不一定可信,因为第3列、第4列和第5列的回归结果都显著为正,但最后一列我们放的控制变量最多,相比前面3列的结果应该更为可信。对于企业所得税和个人所得税的负相关关系,我们认为,一方面,企业所得税和个人所得税都是直接税,对于直接税,民众敏感度最高,征税对个人行为、企业行为的影响较间接税更大,所以税务部门在征收这两种税收时,会综合考虑征收这两种税的经济和社会影响,所以这两种税会表现出替代效应。

另一方面，对于企业而言，在我国实行个人所得税第三方代扣的背景下，企业既是企业所得税的扣缴义务人，也是个人所得税的扣缴义务人。这使得企业对于这两种税收的负担变化很敏感，当其中一种税收，比如企业所得税的税收负担增加时，企业可能会采取一些避税措施来减少个人所得税，比如一些补贴以现金或实物的形式下发，或者举办企业运动会等以奖励形式发给员工。无论是税务部门还是企业角度，企业所得税与个人所得税之间的替代效应都可能比较强。

为进一步验证上述结果，我们稍做了一些改变，以对上述结果进行稳健性分析。这里，我们将被解释变量改为个人所得税收入占总税收收入比重的增长率，解释变量换成增值税占总税收收入比重增长率、营业税占总税收收入比重增长率、企业所得税占总税收收入比重增长率、地区生产总值增长率、平衡性收入占比增长率和总人员增长率，借以检验地方政府不同收入增长率之间的关系。表7.5是这一思路的检验结果。可以看到，与前文一样，当换成增长率之后，个人所得税的增长率与增值税增长率、营业税增长率以及地区平衡性收入的增长率之间都是显著的正向关系。个人所得税与地方政府其他收入之间变化的一致性，不仅在横向层面正向显著，在纵向变化层面，也是正向显著。另外，地方政府不同收入来源之间变化方向的一致性，也间接说明在流转税、转移支付这两类收入上，决定地方政府收入多少的是可获得的收入来源的多少，流转税取决于税基，当然，这里并不是说税务部门的努力程度不重要，但是相比之下，税基是决定流转税税额多少的关键因素，因此，流转税税收占比与个人所得税税收占比不论在绝对值，还是增长率上都是正向关系。平衡性收入主要是转移支付，在中国，转移支付的数额是中央政府根据地方政府的经济发展水平等一系列因素决定的，转移支付数额的确定有着标准的计算公式，主要由基础的经济状况决定。同一个地方政府，流转税和个人所得税共用相同的税基，决定该税基的经济发展水平，又是转移支付拨款的关键因素。这就不难解释，为什么流转税、平衡性收入和个人所得税之间一直是显著的正向变化关系。

换成增长率之后，企业所得税与个人所得税之间，负向关系不再显著（见表7.5最后一列）。也就是说，若我们只看个人所得税占税收收入比重和企业所得税占税收收入比重，这两者的变化可能显示出负向关系，即一个地区企业所得税占比越高，个人所得税占比就越低，但这并不能说明当企业所得税占比增长越快时，个人所得税增长就越慢。横向占比所体现出来的替代关系，并不能推广至纵向的增长率变化。相反,一方面,企业所得税与个人所得税分享着相同的税基,这决定了他们的互补关系,即会显示出正向变化关系;另一方面,如前文所述,地方政府官员和企业的行为决定了他们之间的替代关系,即会显示出负向变化关系。最终两者的关系如何,取决于这两种效应的大小。最后一列的不显著,可能恰好说明这两种效应相当,最后刚好抵消。

表7.5 其他税收增长率、平衡性收入增长率与个人所得税增长率的相关关系

	被解释变量:个人所得税收入占总税收收入比重增长率					
增值税占总税收收入比重增长率	0.171*** (21.22)	0.137*** (17.03)	0.136*** (16.87)	0.136*** (16.44)	0.124*** (14.85)	0.169*** (6.74)
营业税占总税收收入比重增长率		0.280*** (28.78)	0.274*** (27.81)	0.272*** (26.65)	0.258*** (25.17)	0.0827*** (4.17)
企业所得税占总税收收入比重增长率			0.00309*** (3.31)	0.00318*** (3.32)	0.00375*** (3.92)	0.000381 (0.39)
地区生产总值增长率				−0.323*** (−4.80)	−0.288*** (−4.28)	0.137 (0.89)
平衡性收入占比增长率					0.233*** (12.85)	0.234*** (6.13)
总人口增长率						0.532*** (5.49)
是否控制年份固定效应	YES	YES	YES	YES	YES	YES
常数项	0.577*** (58.08)	0.666*** (64.76)	0.664*** (64.56)	0.679*** (58.84)	0.733*** (59.85)	0.0480 (0.32)
观察值	37525	37518	37115	34390	34384	10083

注:表中括号内的数据为异方差稳健的t统计量,***、**、*分别表示在1%、5%和10%的显著性水平下显著。

本部分我们研究的一个问题是对于地方而言,在其获得收入来源的不同方式中,一种收入来源的增加,是否会导致对另一种收入来源征收激励的下降。不同的收入之间由于共享着相同的税基,既显示出一定的"互补"关系,又由

于相同的税基之间又存在着竞争,而显示出一定的"替代"关系,最终整体表现出来的关系取决于这两种作用的大小。对中国县级层面数据的验证表明,中国的个人所得税与流转税、平衡性收入之间,整体关系为正,"互补"关系超过"替代"关系;个人所得税与企业所得税之间,若单看占总税收收入比重,"替代"关系超过"互补"关系,若研究两者增长率之间的关系,则两种效应相当,最终显示出相互抵消的结论。

7.3 本章小结

本章,我们从不同的视角,以不同的研究方法,探讨了税基在转化为实实在在的税收过程中,政府的征税激励所发挥的作用。得出以下几个结论。

第一,进入21世纪之后,随着居民收入的增加,越来越多的人进入个人所得税的征收范围,为顺应民意,调节收入分配,21世纪个人所得税的主要调整在于提高工薪所得的费用扣除标准。但是,在费用扣除标准在全国"一刀切"的调整下,对不同地方的影响不同,24.42%的县级政府2007年个人所得税税收收入绝对值较1998年下降。

第二,在中国,对其他流转税和非税收入的依赖并没有减少地方政府征收个人所得税的激励。对企业所得税的征收则在一定程度上减少了征收个人所得税的激励。企业所得税占税收收入比重每增加1个百分点,个人所得税占税收收入比重会下降0.013个百分点。

当然,本章的研究尚有不足之处。在中国,对于地方政府而言,除了税收收入和转移支付收入,还有很大一部分收入是土地出让的收入,以及地方政府融资平台的资金,由于数据的限制,本书并没有将这两者纳入进行讨论,这无疑是未来研究扩充的一个重要方向。即便如此,这并不影响我们的结论。首先,正如前文所说,我们研究相关关系,并不致力于得出因果关系。第二,土地出让收入和地方融资平台资金收入波动剧烈,不能为地方政府提供较为稳定的财源。地方政府支出较为固定,需要有稳定财源支撑,这种预算外收入对个人所得税征税激励的挤压就可能稍弱。重点研究预算内收入,并不影响我们的结论和研究的意义。

第8章 主要结论与政策启示

8.1 研究结论

中国的个人所得税占税收收入的比重，无论是与经济总量跟中国相当的国家相比，还是人均经济总量与中国相当的国家相比，都远低于其他国家。针对这一事实，本书第2章对中国个税增长的历史演变和现状进行了分析，第3章从一个税收规模增长的基准模型入手，研究了中国的现实与基准模型的偏离。第4章至第7章，分别从劳动收入变化、非正规经济、政府有效性及政府征税激励的角度四个方面，对中国个税占比较低的成因进行了比较深入的分析。主要得出如下结论。

第一，中国个税占税收收入比重较低的原因之一在于，在经济发展过程中，劳动收入增长滞后于经济增长，而劳动收入占比和个税占比之间呈稳定的正向变化关系。1998～2014年，中国劳动收入占比与个税占比之间存在显著的正向关系，系数波动范围为 0.03～0.05。劳动收入占比每增加1个单位，个税占比增加 0.03～0.05 个单位。

第二，第二产业就业人数占比和第三产业就业人数占比对个税收入占比具有显著的正向作用。第二产业就业人数占比和第三产业就业人数占比越高，个税收入占比越大。其中，第二产业就业人数占比每增加1个百分点，个税收入占比增加 0.103～0.0871 个百分点；第三产业就业人数占比每增加1个百分点，个税收入占比增加 0.088～0.164 个百分点；第三产业对个税收入的正向促进作用高于第二产业。私营经济就业人数占比与个税占比之间呈显著的负向关系。

第三，个税占比与中国经济增长之间存在一个U型关系。当人均GDP超过

第 8 章 主要结论与政策启示

67161.02 元时，经济增长对个税占比具有正向促进作用。这与劳动收入占比和经济增长水平之间的 U 型关系相对应。若以中国人均 GDP 年均增长率为 7% 计算，从 2020 年开始，经济增长的成果会开始在个人所得税上得到体现。

第四，中国个税占税收收入比重较低的原因之二在于中国经济增长过程中存在大量非正规经济，导致税基较窄。中国的非正规经济与个人所得税之间存在显著的负向关系。无论是简单的 OLS 模型，还是加入时间固定效应，无论是以狭义的非正规经济定义，还是广义的非正规经济定义，抑或是分子样本进行研究，该负向关系都存在。非正规经济每增加 1 个百分点，个人所得税占地区生产总值的比重下降 0.001～0.0015。

第五，除了非正规经济，个人所得税税收收入还受地区工资水平、地区经济发展水平、经济结构、外商直接投资、进出口以及财政收入影响。其中，职工工资水平、进出口总额占比、财政收入占比与个人所得税呈显著正相关；第一产业占比、外商投资占比和财政支出占比与个人所得税呈显著负相关。

第六，中国的财政能力投资在不断增加，结构也在不断优化。1996～2013 年，中国税务部门从业总人数，尤其是地税部门从业总人数，一直在不断增长。无论是国税还是地税部门，高学历人群占比不断增加，中专及以下学历的税务人员总量和占比都大幅度下降。税务部门从业人员经验也趋于丰富，35 岁以下的税务人员大幅度减少，36～59 岁的较具经验的税务人员，无论从绝对值和占总税务部门从业人员的比重上，都有较大幅度的增长。

第七，中国的财政能力投资远高于美国，但人均税收额远低于美国。2013 年，美国税务工作者总人数为 132600 人，而同年中国税务部门从业总人数为 871975 人，是美国的 6.58 倍。2013 年，中国个人所得税税收收入为 6531.53 亿元，税务工作者人均税收额为 74.9050 万元，当年美国个人所得税税收收入为 3469.65 亿美元，人均税收额为 261.6629 万美元，美国税务工作者的人均税收额是中国的近 21 倍。

第八，中国个税占税收收入比重较低的原因之三在于中国的税收努力程度很低。我们选择代表性税制法对中国的税收努力程度进行国际比较和省内差异分析后发现，中国的税收努力程度很低，在选取的 44 个样本国家中，中国的税收努力指数为倒数第四。从省际差异来看，中国税收努力程度最高的是东部地区，其次是西部地区，中部地区税收努力程度最低。

第九，通过研究税收努力程度与个人所得税税收收入相对规模之间的关系，我们发现，若在全国范围内进行考察，税收努力程度与个人所得税税收收入相对规模之间具有稳定的正向关系；若考虑这种关系的时间效应，我们的研究结果表明，税收努力程度对个人所得税税收收入相对规模的促进作用会随着时间的推移而消逝；若是分地区来进行考察，东部地区增加税收努力程度的效果，需要3~4年才逐步体现，中部地区和西部地区增加税收努力程度的效果会在当年显现，但西部地区会出现对下一年个人所得税税收收入相对规模的抑制；无论是东部地区、中部地区还是西部地区，从第5年开始，税收努力程度与个人所得税税收收入相对规模之间的关系不再显著。

第十，在中国，对其他流转税和非税收入的依赖并没有减少地方政府征收个人所得税的激励。对企业所得税的征收则在一定程度上减少了征收个人所得税的激励。企业所得税占税收收入比重每增加1个百分点，个人所得税占税收收入比重会下降0.013个百分点。

8.2 政策启示

个人所得税是一国财政收入的重要来源。提高直接税尤其是个人所得税在税收结构中的比重，关键在于拓宽税基。法定税率的调整，免征额的提高短期会对个人所得税税收收入有一定影响，但是决定长期税收收入的因素是结构性因素。需要强调的是，个人所得税占税收收入比重是由我国经济发展方式和经济发展水平共同决定的，提高个人所得税在税收结构中的比重，重点是从经济角度出发，而非简单的税收政策的调整。

首先，增加劳动者报酬。习近平总书记在2015年的"五一"国际劳动节暨表彰全国劳动模范和先进工作者大会上曾指出，要创造更多就业岗位，不断增加劳动者特别是一线劳动者劳动报酬。劳动者报酬是个人所得税的主要税基。在经济转型时期，通过各种职业培训，提高劳动者技能；围绕"政府、企业、劳动者"这三者来设计财富分配机制，赋予各方平等的话语权。在让人数最多的一线劳动者深度参与的前提下，用立法、修法等手段，让社会财富整体分配机制更加公平合理。

其次，引导企业正规化，扶持小微企业发展。简化企业注册程序，适当降低正规化进入成本,在一定程度上降低正规金融机构服务小微企业的门槛限制,使得自身资产较少的小微企业也有能力实现正规化。同时,应该尽可能提高金融部门服务质量,增强正规化的吸引力。此外,还要加大新型金融机构小额贷款公司政策上的支持力度,克服原有"只贷不存"政策的缺陷,推行税收优惠政策。

最后,提高征税努力更多的应体现在制度建设上,避免盲目提高征税努力,造成企业的过度负担。税收征管工作效能是国家治理能力的重要体现形式。与发达国家相比,中国的税务部门工作效率还较低,税收征管工作效能的提高,重点在于制度建设。我国于1994年实行分税制财政管理体制改革,建立了分设国税、地税两套税务机构的征管体制,20多年来运行平稳,取得了显著成效,但也还存在职责不够清晰、执法不够统一、办税不够便利、管理不够科学、组织不够完善、环境不够优化等问题,必须加以改革完善。可以通过实施"人才强税"战略,实行税务领军人才培养计划,推进税务干部管理科学化水平。通过持续推进绩效管理,加强对税务干部平时考核,完善日常化、累积化、可比化的数字人事制度体系,调动税务干部干事创业的积极性、主动性,实现税收征管工作效能的提高。

从税制上,提升直接税所占的比重,除了积极扩大税基,主要的空间在于除工薪税之外的财产税。以资本利得为例,在美国,短期资本利得最高税率达到39.6%,长期的资本利得税率也高达28%,而在中国,税率仅为20%,且存在一定的税收优惠。随着我国经济的不断发展,居民除工薪之外的其他收入逐步增加;对于高收入群体,其财产性收入远远超过工薪收入,因此,无论是从提高直接税比重的角度,还是调节收入差距的角度,除工薪税之外的其他财产性个人所得税应该是政策调整的重点。

加强对利息、股息、红利所得税,财产租赁所得税和财产转让所得税的制度设计,在一定免征额的基础上,提高这些财产性所得的税率,减少对劳动所得征高税和对资本所得征低税所造成的扭曲。探索建立分类与综合相结合的个人所得税制度,实现不同来源所得的同等对待。逐步提升征管水平,加强产权登记或变更的制约机制设计,完善第三方信息报告制度、交叉稽核与抽检制度,严控现金交易,普及信息联网。同时,加强对税务人员的培训和税务宣传,在全社会形成"依法纳税"的氛围,以达成社会改革的共识。

附录

附录1：历年个人所得税分项目收入

单位：亿元

历年个人所得税分项目收入

年份	2000	2001	2002	2003	2004	2005	2006	2007	2008	2009	2010	2011	2012	2013
合计	660.37	996.02	1211.07	1417.33	1736.20	2094.00	2452.67	3184.94	3722.31	3943.59	4837.27	6054.08	5820.32	6531.53
工资、薪金所得	283.07	410.63	561.45	741.49	939.76	1162.10	1289.45	1750.77	2244.87	2487.79	3158.46	3901.84	3589.54	4095.00
个体工商户的生产、经营所得	132.85	160.07	185.21	200.58	246.14	296.27	333.49	400.02	476.73	481.27	607.63	684.01	596.38	577.10
企事业单位的承包、承租经营所得	21.04	26.90	23.58	25.38	27.03	27.64	30.59	37.05	51.78	64.79	61.23	82.43	89.56	121.81
劳务报酬所得	13.77	18.92	22.66	28.04	34.51	43.73	49.15	62.32	79.80	89.02	108.81	137.84	152.78	174.13
稿酬所得	0.92	1.19	1.34	1.86	2.22	2.29	2.42	2.43	2.51	2.44	2.68	3.45	3.66	4.36
特许权使用费所得	0.11	0.24	0.55	0.49	0.52	0.52	0.75	0.84	0.85	0.96	1.2	1.68	2.29	2.27

续表

年份	2000	2001	2002	2003	2004	2005	2006	2007	2008	2009	2010	2011	2012	2013
利息、股息、红利所得	189.54	347.97	384.18	382.11	445.23	513.76	666.23	794.25	685.54	558.34	539.07	660.36	755.98	725.64
财产租赁所得	2.02	1.98	1.94	2.67	3.64	4.27	5.79	7.60	9.61	11.12	14.17	19.80	24.64	28.31
财产转让所得	0.92	1.70	1.74	4.28	5.52	9.92	32.97	72.81	98.47	167.26	255.78	464.25	484.15	676.33
偶然所得	8.54	16.50	20.26	21.33	22.27	22.38	28.59	37.03	42.81	50.74	55.61	67.70	77.53	77.47
其他所得	5.55	7.12	4.17	3.79	3.49	4.49	5.97	12.99	21.22	21.76	24.12	21.26	32.43	37.35
税款滞纳金、罚没收入	2.05	2.81	4.00	5.31	5.87	6.62	7.27	6.82	8.12	8.11	8.51	9.45	11.40	11.75

资料来源:《中国税务年鉴 2001~2014》。

附录2：税收努力程度的国际比较

税收努力程度的国际比较

	1995	1996	1997	1998	1999	2000	2001	2002	2003
澳大利亚	—	—	—	—	156.39	307.69	273.32	259.57	263.88
日本	—	—	—	—	—	—	—	—	—
韩国	73.21	68.66	55.04	53.36	41.98	99.95	82.85	82.35	90.30
新西兰	—	—	—	—	—	299.52	292.53	295.49	
香港	—	—	—	—	—	—	—	87.16	96.35
澳门	—	21.04	19.08	18.12	18.92	29.36	27.08	24.39	18.69
新加坡	87.31	87.29	73.40	63.84	63.21	128.31	118.69	103.90	88.17
中国									
马来西亚	—	132.01	124.30	110.88	86.00	142.25	189.79	190.09	162.07
泰国	—	—	—	—	—	—	—	—	95.49
印度尼西亚	131.26	133.46	141.58	119.28	122.51	—	103.89	104.00	102.50
菲律宾	99.23	103.25	95.74	69.82	61.32	112.83	101.52	97.67	94.04
柬埔寨	—	—	—	—	—	—	—	18.73	18.60
奥地利	106.15	114.60	105.66	88.98	82.92	152.90	159.28	150.95	145.47
比利时	199.98	195.30	176.11	153.18	141.00	271.20	242.54	244.71	228.51
瑞士	—	—	—	—	—	—	—	47.59	45.95
德国	65.22	62.41	54.17	46.00	46.25	89.53	69.14	68.21	66.15
丹麦	191.11	186.30	160.04	128.85	118.92	230.08	197.78	197.36	189.26
西班牙	120.71	122.43	98.29	80.24	75.13	145.73	128.49	125.30	111.30
芬兰	93.57	105.54	94.53	82.61	76.24	183.18	135.32	142.09	124.82
法兰西	94.07	98.50	93.39	99.00	99.43	190.12	171.83	163.16	152.18
英国	164.34	157.10	142.39	129.92	124.49	236.71	214.39	202.63	185.85
希腊	86.80	79.60	77.16	78.40	77.72	163.20	126.16	129.83	115.13
爱尔兰	230.93	232.61	202.55	130.16	123.49	224.25	187.67	174.38	172.00
意大利	171.30	177.10	163.58	122.39	122.52	219.65	199.11	189.13	173.40

续表

	1995	1996	1997	1998	1999	2000	2001	2002	2003
荷兰	142.76	143.83	121.42	97.75	92.43	169.57	153.73	157.97	140.86
挪威	—	—	—	—	—	233.78	201.09	218.28	196.97
葡萄牙	103.84	109.67	96.29	78.18	77.97	153.90	130.44	130.42	118.73
瑞典	67.31	61.06	60.73	49.03	52.87	117.13	72.74	54.43	56.18
俄罗斯	—	—	—	—	—	—	—	27.09	20.44
匈牙利	97.57	105.75	86.63	69.95	71.99	138.24	127.84	128.94	111.72
罗马尼亚	—	—	—	—	—	—	—	43.42	48.76
土耳其	—	—	—	—	—	—	—	—	—
印度	49.02	48.61	37.75	33.01	34.54	69.46	58.11	64.70	70.93
尼泊尔	28.73	29.82	27.63	24.29	26.36	53.23	47.45	44.96	34.06
加拿大	—	—	—	—	—	—	—	—	—
美国	—	—	—	—	—	170.05	142.72	131.21	
埃及	95.30	94.28	75.85	—	—	—	—	97.48	90.82
智利	—	—	—	—	—	—	—	75.26	74.18
巴西	—	—	43.60	50.39	47.97	89.03	84.19	102.24	93.72
哥伦比亚	—	—	—	—	—	—	—	—	80.23
墨西哥	48.11	46.38	45.62	39.70	39.88	76.07	—	—	—
南非	—	—	—	—	—	236.41	223.86	220.75	204.27
中非	—	—	—	—	—	—	—	—	—

	2004	2005	2006	2007	2008	2009	2010	2011	2012
澳大利亚	292.20	196.84	272.00	254.63	237.96	247.51	262.11	243.03	293.87
日本	—	65.66	97.70	88.43	66.81	63.59	81.86	81.61	98.50
韩国	95.04	65.94	96.28	104.39	91.91	93.67	107.37	109.27	
新西兰	322.29	224.62	341.10	306.24	301.81	319.44	322.03	280.39	
中国香港	121.27	84.46	113.49	114.57	111.60	110.53	—	—	—
中国澳门	19.63	12.02	18.54	30.70	23.17	24.42	25.10	20.86	23.78
新加坡	87.10	59.36	83.94	78.60	92.84	92.63	102.60	96.68	114.18
中国	—	29.33	43.48	44.88	43.41	48.36	51.33	50.78	—
马来西亚	174.06	107.29	157.17	153.07	145.39	170.19	180.56	197.76	236.02
泰国	116.98	83.35	123.13	115.19	116.31	120.29	136.76	152.05	156.26

续表

	2004	2005	2006	2007	2008	2009	2010	2011	2012
印度尼西亚	100.95	106.14	100.48	99.81	101.47	100.89	—	—	—
菲律宾	104.63	70.34	102.54	100.97	94.36	94.13	109.87	109.93	127.47
柬埔寨	17.86	13.78	24.28	28.70	31.34	40.48	47.15	47.41	64.57
奥地利	156.90	98.28	137.03	135.36	127.00	122.37	145.52	136.22	159.95
比利时	251.54	163.26	222.67	208.25	197.23	204.65	247.26	232.57	271.36
瑞士	50.32	34.97	51.20	49.49	53.60	60.65	66.09	63.56	—
德国	69.22	45.33	67.12	66.49	61.78	67.79	75.09	72.21	86.15
丹麦	206.22	139.73	199.43	259.28	231.15	263.66	278.17	254.64	294.48
西班牙	123.75	85.75	127.70	136.06	90.35	82.89	105.54	91.33	90.62
芬兰	135.62	87.22	117.19	116.41	101.07	85.20	95.65	97.38	106.50
法兰西	169.00	110.86	159.28	147.70	136.46	131.82	165.40	162.54	197.01
英国	206.76	141.14	206.33	193.89	179.76	189.12	220.08	202.39	219.51
希腊	126.91	89.48	111.98	107.18	97.39	114.25	126.28	118.76	157.43
爱尔兰	196.33	124.67	185.72	172.50	142.37	150.35	172.48	179.71	216.49
意大利	189.30	122.60	184.92	183.37	168.44	186.81	218.01	195.01	232.59
荷兰	149.99	107.20	152.82	149.37	133.10	152.73	181.98	159.55	172.94
挪威	245.97	174.33	253.38	226.07	221.49	211.84	265.83	261.64	288.16
葡萄牙	126.62	80.06	115.43	119.55	111.21	117.93	135.79	141.55	150.01
瑞典	74.42	60.07	90.80	77.56	48.44	46.29	62.15	54.62	56.81
俄罗斯	21.31	20.18	30.47	28.14	22.02	5.71	10.65	9.27	11.17
匈牙利	113.14	74.49	109.83	118.24	138.17	147.91	140.83	103.95	127.57
罗马尼亚	63.83	—	56.65	55.08	93.55	99.23	102.16	95.89	115.72
土耳其	—	—	—	—	83.19	99.27	114.24	105.12	123.88
印度	83.96	58.31	95.75	109.13	90.46	103.90	121.92	98.91	127.13
尼泊尔	40.22	25.28	32.04	40.49	39.71	55.65	79.21	83.27	97.76
加拿大	—	—	—	148.63	130.13	145.07	163.16	—	—
美国	145.88	107.14	159.09	153.62	121.97	113.36	144.85	147.63	175.87
埃及	110.64	74.29	135.93	130.47	113.10	134.47	130.90	124.50	125.16
智利	98.06	83.96	155.42	154.17	97.06	83.72	107.57	104.20	129.13
巴西	101.06	72.54	101.19	101.02	99.81	107.07	115.56	115.66	125.52

续表

	2004	2005	2006	2007	2008	2009	2010	2011	2012
哥伦比亚	—	—	—	—	58.32	74.49	71.94	65.87	99.87
墨西哥	—	—	—	—	—	—	—	—	—
南非	227.69	156.05	233.63	231.40	219.10	222.61	251.76	235.61	265.44
中非	—	—	—	—	37.82	49.03	54.34	61.08	50.37

附录3：税收努力程度的省际差异

税收努力程度的省际差异

	2002年	2003年	2004年	2005年	2006年	2007年
北京	281.19	279.35	293.66	292.47	309.18	313.56
天津	124.06	121.10	126.60	118.14	118.11	128.59
河北省	82.71	74.44	74.15	78.00	71.20	69.87
山西省	91.19	78.18	75.17	82.09	82.80	81.78
内蒙古	70.76	66.30	69.62	72.30	68.06	70.00
辽宁省	78.87	73.30	83.48	81.01	75.51	72.59
吉林省	91.79	86.33	86.39	88.42	78.86	75.67
黑龙江	77.25	74.29	76.38	76.73	71.19	74.02
上海	230.04	260.97	264.30	291.01	303.48	307.90
江苏省	83.70	85.56	92.25	91.97	98.22	103.25
浙江省	91.52	96.42	96.18	96.53	101.86	99.31
安徽省	66.94	62.44	64.40	67.87	66.48	66.86
福建省	95.85	93.23	90.38	86.61	90.87	85.09
江西省	77.87	77.83	78.70	80.56	74.35	68.23
山东省	55.63	47.86	46.01	44.66	44.75	43.55
河南省	72.89	66.16	66.63	60.36	55.89	53.26
湖北省	72.38	69.66	70.75	75.48	73.27	69.87
湖南省	82.46	77.47	73.61	72.60	76.50	72.08
广东省	110.61	109.88	106.17	104.81	104.30	99.44
广西	117.20	115.05	111.79	112.98	96.28	94.43
海南省	150.17	142.15	138.39	137.27	129.60	129.11
重庆市	84.65	85.35	81.62	84.53	84.38	86.14
四川省	81.23	82.09	84.24	89.06	91.82	100.72

续表

	2002 年	2003 年	2004 年	2005 年	2006 年	2007 年
贵州省	112.12	115.99	125.04	129.45	136.95	136.03
云南省	99.17	97.78	96.67	101.52	107.51	109.84
西藏	47.06	48.04	47.91	53.11	45.20	45.66
陕西省	72.98	72.00	70.21	69.59	75.73	76.88
甘肃省	78.17	76.07	73.23	75.84	72.28	69.53
青海省	57.58	55.10	49.61	51.26	60.86	67.61
宁夏	86.79	80.31	94.19	97.78	92.37	96.28
新疆	116.93	103.52	101.96	105.87	103.27	119.25
	2008 年	2009 年	2010 年	2011 年	2012 年	2013 年
北京	369.08	363.51	371.06	389.27	427.53	442.73
天津	115.01	118.22	113.75	107.01	104.72	106.52
河北省	71.68	69.17	63.43	60.91	57.69	56.73
山西省	86.45	96.30	88.83	92.74	101.51	106.74
内蒙古	74.66	82.56	89.41	94.58	88.68	76.34
辽宁省	70.88	58.82	61.38	56.80	47.14	42.98
吉林省	74.88	72.08	73.83	72.80	68.56	63.10
黑龙江	72.55	68.36	66.48	71.77	65.92	77.44
上海	346.21	368.79	368.23	378.78	426.40	426.42
江苏省	105.53	106.74	111.86	118.42	119.03	122.56
浙江省	104.33	109.38	106.40	109.54	116.35	111.39
安徽省	68.01	65.90	72.30	69.13	64.22	66.69
福建省	82.45	78.99	75.19	73.02	76.66	76.22
江西省	63.79	61.29	59.10	71.88	62.39	58.44
山东省	40.86	40.65	42.10	41.28	42.76	40.98
河南省	49.60	48.88	48.84	47.38	43.10	43.96
湖北省	69.31	64.57	59.85	65.64	67.26	69.09
湖南省	69.41	67.13	65.94	65.45	65.63	61.30
广东省	98.40	95.77	96.52	93.71	91.02	91.72
广西	82.51	77.97	78.69	69.72	59.86	59.42
海南省	123.17	126.18	126.77	119.97	95.09	124.56
重庆市	80.57	87.90	87.12	87.32	84.69	82.99

续表

	2008年	2009年	2010年	2011年	2012年	2013年
四川省	94.41	91.33	94.44	92.48	95.90	99.65
贵州省	143.65	155.44	165.73	153.23	145.64	127.29
云南省	117.19	123.33	126.68	126.84	115.25	106.45
西藏	49.76	47.26	108.49	349.42	1031.01	409.12
陕西省	81.79	89.25	93.52	90.22	86.40	86.12
甘肃省	70.90	76.21	75.94	74.26	74.75	70.16
青海省	66.76	78.45	68.36	67.39	55.70	64.06
宁夏	87.47	89.99	87.55	89.65	83.81	81.31
新疆	122.67	140.78	151.02	160.72	155.98	160.12

附录4：几种税收收入能力测算的方法介绍

对税收收入能力的估测，主要有以下三种方法：税柄法（Tax Handles）、代表性税制法（Representative Tax System）和总可税资源法（Total Taxable Resources）。

税柄法。税柄法主要用于研究一个国家或地区的税收收入能力。税柄法的假设是一国潜在的税收收入能力与一个国家的经济指标、社会人口结构、制度等因素之间存在一定联系，这些因素统称为"税柄"。通过建立税收收入与税柄之间关系的回归方程，得出税收收入能力与这些指标之间的关系，然后利用这些系数再估算某一个特定国家的税收收入能力。

第一篇利用税柄法研究税收收入能力和经济发展水平的论文是 Williamson（1961），他用了33个国家（发达国家和发展中国家）的数据，用一国的人均收入水平来衡量经济发展水平，通过研究，得出人均收入和税收收入能力（该文用的税收比例，Tax Ratio，税收收入能力占国民收入的比重）存在稳定的正向比例关系，然后用这个比例乘以某一个国家的人均收入，就得到了该国的税收收入能力。

整个20世纪60年代对税收收入能力的研究，基本采取的都是上述方法。20世纪60年代对税收收入能力的研究比较丰富。主要的区别在于不同的研究采用的样本不同，少的用了32个国家的数据（Thorn，1967），多的有72个国家的跨国数据（Lotz & Morss，1969）；关于对样本是否进行区分，后期的研究开始区分发达国家和发展中国家对其进行研究（Hinrichs，1965；Shin，1969）。后期研究逐渐增加了解释变量，如 Plasschaert（1962）加入了一国的开放程度（代表可税贸易潜力），Thorn（1967）引入了文化因素（是否属于前英属殖民地国家）和制度因素（政府分权程度）；Weiss（1969）引入了人口结构因素（城镇化水平、文盲率、农业部门就业人数等）。

国内也有一些学者利用税柄法估算税收收入能力。梁季（2007）以经济发展水平、对外开放度和产业结构为税柄，估算了我国1996~2005年分省的税收收入能力。黄夏岚等（2012）利用1996~2009年的省级面板数据，测算了中国的地区税收能力。整体来说，国内利用税柄法测算税收收入能力主要用于整体税收的税收收入能力测算，用税柄法测算单独税种税收收入能力的较少。

代表性税制法（Representative Tax System，RTS 法）。代表性税制法是 Bahl（1972）提出的一种方法，早期美国和加拿大都使用该方法计算各州的税收收入能力，主要是为了科学合理地确定转移支付数额，确保税收收入能力低的州得到的转移支付比税收收入能力高的州得到的联邦转移支付多。这种方法分两步：一是确定实际税基，二是确定标准税率。Bahl（1972）将税收分成以下六种，分别确定税基。

个人所得税的税基为 GNP－农业部门增加值＋农业部门出口；企业所得税的税基为采矿部门增加值＋制造业增加值＋农业部门出口；财产税的税基为 GNP；国内间接税税基：GNP－农业部门增加值＋农业部门出口；进口税税基：进口值；出口税税基：采矿部门增加值＋制造业增加值＋农业部门出口。

美国政府在 Bahl（1972）的基础上，设计了代理税基，以美国 1979 年税收收入能力估计为例，下表是当时使用的税基情况。

美国政府所使用的替代税基（1979 年）

税种	税基（或代理税基）
1. 一般销售税税基	1979 年零售额加上部分服务业增加值，如酒店业
2. 某些特别销售税	
a. 发动机燃料	公路燃油消耗量
b. 酒类	酒精饮料消费量
c. 烟类	烟草消费包数
d. 保险	生命、健康、财产等保费额
e. 公用事业	电力、燃气及电话公司收入
f. 赌博业	赛马或赛狗的赌金流转额
g. 娱乐业	娱乐业收入（包括动漫行业）
3. 许可证税	
a. 机动车	机动车私人和商业机动车登记额
b. 汽车运营商	机动车经营许可证
c. 企业所得	企业数量
d. 酒精饮料	出售蒸馏饮料许可证数量
e. 捕鱼和狩猎	捕鱼和狩猎许可证数量
4. 个人所得税	联邦政府登记个人所得
5. 企业所得税	企业收入

续表

税种	税基（或代理税基）
6. 财产税	财产市场价值
a. 居民	折旧后财产的账面净值
b. 商业/工业财产	资产、存货以及企业土地价值
c. 农场	农场土地价值
d. 公用事业	天然气、电力和电话公司资产账面净值
e. 空置土地	空置土地市场价值
7. 遗产和赠予	联邦应税遗产价值
8. 遣散费	
a. 石油和天然气行业	石油和天然气的价值
b. 煤炭行业	煤炭价值
c. 非燃料矿产业	非燃料矿产价值

资料来源：Tax Capacity of the 50 states：Methodology and Estimates，Advisory Commission on Intergovernmental Relations，1982。

税率的确定。代表性税制法税率的确定有以下两种方法：一是直接平均法，二是回归分析法。平均法确定标准税率的方法如下：

某一国 i 税种的代表性税率 $r_i = \dfrac{\sum_{j=1}^{m}\left(\dfrac{T_{ij}}{B_{ij}}\right)}{m}, i = 1,2,3,4,5,6$。

T_{ij} 是 j 国 i 税种实际上收上来的税收。Bij 是 j 国 i 税种的税基，m 是征 i 税的国家个数。在这里，代表性税率是一个平均税率的概念，以个人所得税为例，即算出目前世界上所有征个税的国家收上来的所有税收除以税基再除以国家个数。

确定标准税率的另一种方法是：建立税基与税收收入能力之间的回归方程。比如，对于个人所得税，建立如下方程：

$Ln(Pers) = b_{01} + b_{11}ln(YVAR) + \varepsilon_i$

Pers 是各州的个人所得税收入，ln（ ）表示取自然对数，YVAR 指各州的个人所得税税基，ε_i 是随机误差项。估计出 b_{01} 和 b_{11} 之后，对于特定的州，如夏威夷州，将系数 b_{01}、b_{11}，以及夏威夷州的个人所得税税基代入，即得到夏威夷州的税收收入能力。

RTS 法的应用很广泛，美国、加拿大等国都曾使用该方法测算本国及地区的税收努力程度（乔宝云等，2010）。国内也有一些学者用该方法测算中国的税收努力程度。梁季（2007）利用 TRS 法估测了中国税收收入能力。辛浩（2009）利用 RTS 法，对中国营业税、企业所得税和个人所得税的税收收入能力进行了估算。谭荣华（2012）对全国 31 个省、自治区、直辖市 2000~2003 年的增值税、营业税及企业所得税的税收收入能力进行了估测。杨得前（2014，2015）利用 RTS 法，分别对中国增值税和企业所得税的税收收入能力进行了预测。

总可税资源法（Total Taxable Resources，TTR 法）。从 1998 年 9 月 30 日开始，美国开始采用一种新的方法来估算税收收入能力。目前在美国财政部网站上已经公布 1999~2014 年各州的 TTR。

TTR 的定义是：TTR 是某地区对于生产的收入和居民的收入无重复加总后，可税资源的总量，TTR 是一个流量概念，它与该地区的税收政策无关。它的思路是：用地区生产总值减去该州无权征收的收入流量，加上地区生产总值未包含的，就是该州可税的收入流量。

TTR 的计算公式是：

$$TTRs = GSPs - (EMPLOYEEs + EMPLOYERs + FIBTs + FCESs) + (DIVs + MINTs + SITs + NCAPs + COMs)$$

具体来说，TTRs 为可税资源总量，GSPs 为地区生产总值，EMPLOYEEs 为社保缴费中雇员承担部分，EMPLOYERs 为社保缴费中雇主承担部分（该数据为非公开数据），FIBTs 为联邦政府征收的间接税（非公开数据），FCESs 为联邦行政事业支出剩余/赤字（非公开数据），DIVs 为股息收入，MINTs 为利息收入，SITs 为可选的社保中的转移支付，NCAPs 为已实现的净资本利得（部分数据未公开），COMs 为居民地区外所得（非公开数据）。除了净资本利得数据，TTR 方法所使用数据均来自美国经济分析局。它的优点是：所使用数据每年都可得，可进行跨时的趋势分析。它与特定的税收政策，税收结构，或者人为的税基的定义无关。TTR 也有其缺点，比如，没有考虑到地区间的税收转移，没有考虑物价因素等。

参考文献

[1] A B Atkinson, Stiglitz J E., The Design. Of Tax Structure: Direct versus Indirect Taxation, Journal of Public Economics, (July – August. 1976): 55 – 75.

[2] Advisory Commission on Intergovernmental Relations, Tax Capacity of the 50 states: Methodology and Estimates, 1982.

[3] Albarea A, Bernasconi M, Novi C D, et al. Accounting for Tax Evasion Profiles and Tax Expenditures in Microsimulation Modelling. The BETAMOD Model for Individual income taxes in Italy. Social Science Electronic Publishing, 2015.

[4] Allingham, M. G., Sandmo, A., Income Tax Evasion: A Theoretical Analysis, Journal of Public Economics, 1972 (1): 323 – 338.

[5] Artavanis N T, Morse A, Tsoutsoura M., Measuring Income Tax Evasion using Bank Credit: Evidence from Greece, Social Science Electronic Publishing, 2015.

[6] Bacchetta Marc, Ekkehard Ernst, Juana P. Bustamante, Globalization and Informal Jobs in Developing Countries, 2009, https://www.wto.org/english/res_e/booksp_e/jobs_devel_countries_e.pdf。

[7] Bahl R W, A Regression Approach to Tax Effort and Tax Ratio Analysis, International Monetary Fund Staff Papers, 1971, 18 (3): 570 – 612。

[8] Bahl R W, A Representative Tax System Approach to Measuring Tax Effort in Developing Countries, International Monetary Fund Staff Papers, 1972, 19 (1): 87 – 124.

[9] Bai, C., C. Hsieh, and Y. Qian, The Return to Capital in China, Brookings Papers on Economic Activity, 2006, 37 (2): 61 – 102.

[10] Basmann, R. L., D. J. Molina., and D. J. Slottje, Variable Preference, Economic Inequality and the Cost of Living Index, in R. L. Basmann and G. Rhodes (eds), Advances in Econometrics, 1984, Vol. 3, JAI Press, Greenwich.

［11］ Ben Langford (International Growth Centre, Tanzania), and Tim Ohlenburg (HM Treasury, United Kingdom), Tax Revenue Potential and Effort – An Empirical Investigation, International Growth Centre Working Paper, Version: 3, August 2015,

［12］ Besley T, Persson T. Why Do Developing Countries Tax So Little? Journal of Economic Perspectives, 2014, 28 (28): 99 – 120.

［13］ Besley Timothy & Persson Torsten, The Origins of State Capacity: Property Rights, Taxation and Politics, American Economic Review, 2009, 99 (4): 1218 – 44.

［14］ Besley Timothy, From Micro to Macro: Public Policies and Aggregate Economic Performance, in Economic Growth and Government Policy, papers presented at a HM Treasury Seminar at 11, Downing Street on 12th October 2000, London: HM Treasury, 15 – 21, April 2001 (also published in Fiscal Studies, Volume 22 (3), 357 – 374, September 2001).

［15］ Blackorby C, Brett C. Production Efficiency and the Direct – Indirect Tax Mix, Journal of Public Economic Theory, 2004, 6 (1): 165 – 180.

［16］ Blomquist, Sören, Vidar Christiansen, and Luca Micheletto, Public Provision of Private Goods and Nondistortionary Marginal Tax Rates, American Economic Journal: Economic Policy, 2010 (2): 1 – 27.

［17］ Borensztein Eduardo and Ostry Jonathan D., 1996, Accounting for China's Growth Performance, The American Economic Review, Vol. 86, No. 2, Papers and Proceedings of the Hundredth and Eighth Annual Meeting of the American Economic Association San Francisco, CA, January 5 – 7, 1996: 224 – 228.

［18］ Boudon R., Orcutt Guy, Greenberger Martin, Korbel John, Rivlin Alice M., Microanalysis of Socio – Economic Systems: A Simulation Study, Revue Française De Sociologie, 1963 (4): 218 – 218.

［19］ Bovenberg, A. Lans, and Bas Jacobs, Redistribution and Education Subsidies are Siamese Twins, Journal of Public Economics, 2005 (89): 2005 – 2035.

［20］ Bramall C., The Quality of China's Household Income Surveys', The China Quarterly, China Quarterly, 2001 (167): 689 – 705.

［21］ Brito D L, Oakland W H., Some Properties of the Optimal Income Tax,

International Economic Review, 1977, 18 (2): 407 – 23.

[22] Cagan. P., The Demand for Currency Relative to the Total Money Supply, Journal of Political Economy, 1958, 66 (8): 303 – 28.

[23] Cebula R J, Feige E L., America's Unreported Economy: Measuring the Size, Growth and Determinants of Income Tax Evasion in the U. S, Mpra Paper, 2011, 57 (3): 265 – 285.

[24] Champernowne, D. G., A Model for Income Distribution, Economic Journal, 1953 (53): 318 – 351.

[25] Christine Fauvelle – Aymar, The Political and Tax Capacity of Government in Developing Countries, Kyklos, 1999, 52 (3): 391 – 413.

[26] Dagum, C., A New Model of Personal Income Distribution: Specification and Estimation, Economie Appliquee, 1977 (30): 413 – 437.

[27] Daude Christian and Melguizo Ángel, Taxation and Democracy in Latin America, in The Oxford Handbook of Latin American Political Economy, Oxford University Press.

[28] De Soto, Hernando, The Other Path: The Invisible Revolution in the Third Worlds, New York: Harper and Row Publishers, 1989.

[29] De Soto, Hernando, The Mystery of Capital. Why Capitalism Triumphs in the West and Fails Everywhere Else, New York: Basic Books, 2000.

[30] de Tocqueville, Alexis. Democracy in America, 1835, Reprint ed. Oxford: Oxford University. Press, 1965.

[31] Derek Neal and Sherwin Rosen, Theories of the Distribution of Earnings, in Anthony Atkinson and Francois Bourguignon (ed.), Handbook of Income Distribution Amsterdam, New York: Elvesier, 2000.

[32] Dwenger, Nadja, Henrik Jacobsen Kleven, Imran Rasul, and Johannes Rincke, Extrinsic and Intrinsic Motivations for Tax Compliance: Evidence from a Field Experiment in Germany, LSE Working Paper, May 2014.

[33] Ebert U., A Reexamination of the Optimal Nonlinear Income Tax, Journal of Public Economics, 1992, 49 (1): 47 – 73.

[34] Ehrhart H., Elections and the Structure of Taxation in Developing Countries, Public Choice, 2013, 156 (1 – 2): 195 – 211.

［35］Farrell, Diana, The Hidden Dangers of the Informal Economy, McKinsey Quarterly, 2004（3）: 27 – 37.

［36］Feige, E. L., A Re – examination of the "Underground Economy" in the United States: A Comment on Tanzi. Staff Papers, International Monetary Fund, 1986, 33（4）: 768 – 781.

［37］Feige, E. L., The Underground Economies: Tax Evasion and Information Distortion, Cambridge: Cambridge University Press, 1989.

［38］Feltenstein A, Cyan M R. A Computational General Equilibrium Approach to Sectoral Analysis for Tax Potential: An Application to Pakistan, General Information, 2012（27）: 57 – 70.

［39］Fisk, P. R., The Graduation of Income Distributions, Econometrica, 1961（29）: 171 – 185.

［40］Friedrich Schneider, Andreas Buehn, and Claudio E. Montenegro, Shadow Economies All over the World: New Estimates for 162 Countries from 1999 to 2007, Policy Research Working Paper 5356, The World Bank, July, 2010.

［41］Gibrat, R., Les Inegalites Economiques, Sirey, Paris, 1931.

［42］Gollin, D., Getting Income Shares Right, Journal of Political Economy, 2002, 110（2）: 458 – 475.

［43］Grigorian D A, Davoodi H R., Tax Potential vs. Tax Effort: A Cross – Country Analysis of Armenia's Stubbornly Low Tax Collection, David Grigorian, 2007, 07.

［44］Gutmann, P. M., The Subterranean Economy, Financial Analysts Journal, 1977（33）: 82 – 108.

［45］Harris, J. & Michael Todaro, Migration, Unemployment, and Development: A Two Sector Analysis, American Economic Review, 1970（40）: 126 – 142.

［46］Heckman, James J., and Bas Jacobs, Policies to Create and Destroy Human Capital in Europe, in Edmund Phelps and Hans – Werner Sinn (eds.), Perspectives on the Performance of the Continent's Economies, Cambridge, MA: MIT Press, 2011.

［47］Hinrichs H H., Determinants of Government Revenue Shares Among Less – Developed Countries, The Economic Journal, 1965, 75（299）: 546 – 556.

[48] Hintze, Otto. Military Organization and the Organization of the State, 1906. (Reprinted in 1970 as chap. 5 in The Historical Essays of Otto Hintze, edited by Felix Gilbert. New York: Oxford University Press.).

[49] Horacio Sobarzo, Tax Effort And Tax Potential of State Governments in Mexico: A Representative Tax System, Working Paper # 315 – October, 2004,

[50] Hu Zuliu F. and Khan Mohsin S., Why Is China Growing So Fast? Staff Papers (International Monetary Fund), Vol. 44, No. 1 (Mar., 1997), pp. 103 – 131.

[51] Husted, Thomas A., and Lawrence W. Kenny, The Effect of the Expansion of the Voting Franchise on the Size of Government, Journal of Political Economy, 1997, 105 (1): 54 – 81.

[52] Jensen, Anders. State – Building in Resource – Rich Economies. Atlantic Journal of Economics, 2011, 39 (2): 171 – 93.

[53] Kakwani, N. C., and N. Podder, Efficient Estimation of the Lorenz Curve and Associated Inequality Measures from Grouped Observations, Econometrica, 1976 (44): 137 – 149.

[54] Khan A R, Riskin C., Income and Inequality in China: Composition, Distribution and Growth of Household Income – 1988 to 1995, China Quarterly, 1998 (154): 221 – 253.

[55] Kleven H J, Kreiner C T, Saez E., Why Can Modern Governments Tax So Much? An Agency Model of Firms as Fiscal Intermediaries, NBER Working Papers, 2009.

[56] Kleven, Henrik Jacobsen, How Can Scandinavians Tax So Much?, Journal of Economic Perspectives, 2014, 28 (4): 77 – 98.

[57] Kleven, Henrik Jacobsen, Martin B. Knudsen, Claus Thustrup Kreiner, Søren Pedersen, and Emmanuel Saez, Unwilling or Unable to Cheat? Evidence from a Tax Audit Experiment in Denmark, Econometrica, 2011, 79 (3): 651 – 692.

[58] Kloek, T., and H. K. Van Dijk, Efficient Estimation of Income Distribution Parameters, Journal of Econometrics, 1978 (8): 61 – 74.

[59] Krishnaji, N., Measuring Tax Potential: A Note on Ninth Finance Commission's Approach, Economic and Political Weekly, 1989, 24 (5): 265 –

267.

[60] Kunt. Anton Mork, Income Tax Evasion: Some Empirical Evidence, Public Finance, No. 1, 1975.

[61] Lagunoff, Roger, A Theory of Constitutional Standards and Civil Liberty, Review of Economic Studies, 2001 (68): 109-32.

[62] Levine, Ross, Finance and Growth: Theory, Evidence and Mechanism, Philippe Aghion and Steven Durlauf, Eds., Handbook of Economic Growth, Netherlands: Elsevier Science, 2003.

[63] Levy, Santiago, Good Intentions, Bad Outcomes: Social Policy, Informality, and Economic GrowthIn Mexico, Brookings Institution, 2008.

[64] Lewis, W. Arthur, Economic Development with Unlimited Supplies of Labor, Manchester School, 1954 (22): 139-191.

[65] Liu Y, Feng H. Tax Structure and Corruption: Cross-country Evidence, Public Choice, 2015, 162 (1): 57-78.

[66] Lotz J R, Morss E R. "Tax Effort" in Developing Countries, Finance and Development, 1969 (6): 36-39.

[67] Majumder Amita and Chakravarty Satya Ranjan, Distribution of Personal Income: Development of a New Model and its Application to U. S. Income Data, Journal of Applied Econometrics, 1990 (5): 189-196.

[68] Mandelbrot, B., The Pareto-Levy Law and the Distribution of Income, International Economic Review, 1960 (2): 79-106.

[69] McDonald, J. B., Some Generalized Functions for the Size Distribution of Income, Econometrica, 1984 (52): 647-663.

[70] Meltzer, Allan H., and S. F. Richard., A Rational Theory of the Size of Government, Journal of Political Economy, 1981, 89 (5): 914-27.

[71] Mirrlees J A., An Exploration in the Theory of Optimum Income Taxation, Review of Economic Studies, 1971, 38 (114): 175-208.

[72] Modigliani, F., and Brumberg, F., Utility Analysis and the Consumption Function: An Interpretation of Cross-section Datain Post-Keynesian Economics, Ed. K. K. Kurihara, New Brunswick: Rutgers University Press, 1954.

[73] Murphy, Kevin, Andrei Shleifer, and Robert Vishny, Industrialization

and the Big Push, Journal of Political Economy, 1989, 97 (5): 1003 – 1026.

[74] Naito H., Re – examination of Uniform Commodity Taxes under a Non – linear Income Tax System and its Implication for Production Efficiency, Journal of Public Economics, 1999, 71 (2): 165 – 188.

[75] Nutter G. Warren, Growth of Government in the West, Washington: American Enterprise Inst., 1978.

[76] Orcutt G., A new type of socio – economic system, Review of Economics and Statistics, 1957 (58): 774 – 797.

[77] Pareto, V., Course d'Economie Politique, Vol. 2, F. Pichon, Paris, 1897.

[78] Phillip Cagan. The Demand for Currency Relative to Total Money Supply, New York, NBER, Occasional Paper 62, 1958.

[79] Plasschaert Sylvain, Taxable Capacity in Developing Countries, International Bank for Reconstruction and Development, Report Number EC. – 103, 1962.

[80] Rafael La Porta and Andrei Shleifer, Informality, Journal of Economic Perspectives, Summer, 2014, 28 (3): 109 – 26.

[81] Rafael La Porta and Andrei Shleifer, The Unofficial Economy and Economic Development, Brookings Papers on Economic Activity, 2008.

[82] Rao, M. Govinda, and J. V. M. Sarma, Measuring Tax Potential: Some Clarifications, Economic and Political Weekly, 1989, 24 (13): 698 – 700, http://www.jstor.org/stable/4394607.

[83] Rauch, James, Modeling the Informal Sector Formally, Journal of Development Economics, 1991, 35 (1): 33 – 47.

[84] Ricardo Fenochietto and Carola Pessino, Understanding Countries' Tax Effort, IMF Working Paper, November 2013, WP/13/244.

[85] Riedel James, Vietnam: On the Trail of the Tigers, World Economy, 1993, 16 (4): 401 – 22.

[86] Roberts, Kevin W. S. Voting over income tax schedules. Journal of Public Economics, 1977, 8 (77): 329 – 340.

[87] Rogerson, Richard, Taxation and Market Work: Is Scandinavia an Outlier? Economic Theory, 2007 (32): 59 – 85.

[88] Romer, Thomas, Individual Welfare, Majority Voting, and the Properties of a Linear Income Tax, Journal of Public Economics, 1975, 4 (2): 163 – 185.

[89] Rosenstein – Rodan, Paul, Problems of Industrialization of Eastern and South – eastern Europe, Economic Journal, 1943, 53: 202 – 211.

[90] Rostow, Walt, Stages of Economic Growth. Cambridge, UK: Cambridge Univ. Press, 1960.

[91] Russo, Francesco, The Cost of the Legal System and the Hidden Economy, Mimeo, Boston University, 2008.

[92] Rutherford, R. S. G., Income Distributions: A New Model, Econometrica, 1955 (23): 277 – 294.

[93] S. L. Shetty, Inter – sectoral Equity in Tax Burden: Estimates of Potential Tax Revenue from the Farm Sector, Economic and Political Weekly, 1972, 7.31/33: 1602 – 1612.

[94] Sachs, Jeffrey D., and Woo, Wing Thye, Structure Factors in the Economic Reform of China, Eastern Europe and the former Soviet Union, Economic Policy, 1994, 18 (April): 101 – 45.

[95] Salem, A. B. Z., and T. D. Mount, A Convenient Descriptive Model of Income Distribution, Econometrica, 1974 (42): 1115 – 1127.

[96] Schneider Friedrich, Andreas Buehn, Claudio E. Montenegro, Shadow Economies All over the World: New Estimates for 162 Countries from 1999 to 2007, World Bank Policy Research Working Paper 5356, 2010.

[97] Scott, James C., Seeing Like a State: How Certain Schemes to Improve the Human Condition Have Failed. Yale University Press, 1998.

[98] Scott, Maurice Fitzgerald, A New View of Economic Growth, Oxford: Clarendon Press, 1989.

[99] Seade J K. On the Shape of Optimal Tax Schedules, Journal of Public Economics, 1977, 7 (2): 203 – 235.

[100] Shin Kilman, International Difference in Tax Ratio, The Review of Economics and Statistics, 1969 (Vol. Li): 213 – 20.

[101] Sinelnikov – Murylev S, Kadochnikov P, Idrisov G., Corporate Income Tax: Analysis of 2001 Reform and Modelling of Tax Potential of the Regions, Research

Paper, 2011.

[102] Singh, S. K., and G. S. Maddala, A Function for Size Distribution of Incomes, Econometrica, 1976 (44): 963 – 970.

[103] Slottje, D. J., A Measure of Income Inequality Based upon the Beta Distribution of the Second Kind, Economics Letters, 1984 (15): 369 – 375.

[104] Slottje, D. J., Relative Price Changes and Inequality in the Size Distribution of Various Components of Income, Journal of Business and Economic Statistics, 1987 (5): 19 – 26.

[105] Thorn R S, The Evolution of Public Finances During Economic Development [J], The Manchester School of Economic and Social Studies, 1967, XXXV: 19 – 53.

[106] Tilly, Charles, Coercion, Capital and European States, AD 990 – 1992, Oxford: Blackwell, 1990.

[107] Tokman, Victor, Beyond Regulation: The Informal Sector in Latin America, Bolder: Lynne Rienner Publishers, 1992.

[108] Vito Tanzi and Hamid R. Davoodi, Corruption, Growth and Public Finance, IMF Working Paper, WP/00/182, November, 2000.

[109] Wang Yan and Yao Yudong, Sources of China's Economic Growth, 1952 – 99: Incorporating Human Capital Accumulation, World Bank Policy Research Working paper 2650, July, 2001.

[110] Weiss Stephen J., Factors Affecting the Government Revenue Share in Less Developed Countries, University of West Indies, Social and Economic Studies, 1969 (18): 348 – 64.

[111] Williamson J. G., Public Expenditure and Revenue: An International Comparison, Manchester School, 1961 (January): 43 – 56.

[112] Woo Wing Thye, Chinese Economic Growth: Sources and Prospects, Published in Michel Fouquin and Francoise Lemoine (ed.), The Chinese Economy, Economica, London, 1998.

[113] Woo, Wing Thye, The Real Reasons for China's Growth, China Quarterly, 1999, 41 (January): 115 – 37.

[114] Wu Harry X., Accounting for China's Growth in 1952 – 2008: China's

Growth Performance Debate Revisited with A Newly Constructed Data Set, RIETI Discussion Paper Series 11 – E – 003, January 2011.

［115］Young Aiwyn, Goldinto Base Metals: Productivity Growth in the People's Republic of China during the Reform Period, NBER Working Paper No. 7856, August 2000.

［116］Riedel James, 金菁, 高坚. 中国经济增长新论：投资、融资与改革［M］. 北京：北京大学出版社, 2007.

［117］安体富. 对税收若干重要问题的思考［J］. 税务研究, 2009 (1).

［118］安体富. 中国税制改革顶层设计问题研究［J］. 财经理论研究, 2014 (6).

［119］安体富, 梁朋. 关于税收流失问题研究的几点思考［J］. 税务研究, 1999 (6).

［120］毕马威. 2009 年度个人所得税和社会保险税税率调查报告. 2019.

［121］毕马威. 2012 年度个人所得税和社会保险税税率调查报告. 2012.

［122］蔡昉. 刘易斯转折点——中国经济发展新阶段［M］. 北京：社会科学文献出版社, 2008.

［123］曹广忠, 袁飞, 陶然. 土地财政、产业结构演变与税收超常规增长——中国"税收增长之谜"的一个分析视角［J］. 中国工业经济, 2017 (12).

［124］曾耀辉. 民国时期所得税制研究［D］.［博士学位论文］. 江西财经大学, 2012.

［125］陈工, 陈习定, 何玲玲. 基于随机前沿的中国地方税收征管效率分析［J］. 税务研究, 2009 (6).

［126］崔兴芳, 樊勇, 吕冰洋. 税收征管效率提高测算及对税收增长的影响［J］. 税务研究, 2006 (4).

［127］崔毅. 关于我国个人所得税问题的思考［J］. 财政研究, 1997 (6).

［128］邓子基. 比较财政学［M］. 北京：中国财政经济出版社, 1987.

［129］丁伟志, 刘文璞, 杨勋. 中国国情丛书：百县市经济社会调查（厦门卷）［M］. 北京：中国大百科全书出版社, 1996.

［130］樊勇. 中国财税改革与税收实务丛书［M］. 北京：清华大学出版社, 2009.

［131］方福前. 公共选择理论——政治的经济学［M］. 北京：中国人民大

学出版社，2000.

［132］方文全．中国的资本回报率有多高？——年份资本视角的宏观数据再估测［J］．经济学季刊，2012（11）．

［133］封建强．我国职工工资收入分布函数的模拟与估计［J］．预测，2000（5）．

［134］高宏德，方玉兰．经济社会常用数据手册［M］．成都：成都时代出版社，2006.

［135］高洁．基于农民权益保护的集体土地征收与流转研究［M］．武汉：湖北人民出版社，2013.

［136］高培勇．中国税收持续高速增长之谜［J］．经济研究，2006（12）．

［137］顾乃华．我国劳动收入占比时空特征研究：基于结构分析的视角［J］．经济学家，2010（12）．

［138］郭庆旺，吕冰洋．经济增长与产业结构调整对税收增长的影响［J］．涉外税务，2004（9）．

［139］国家税务总局．中华民国工商税收史纲［M］．北京：中国财政经济出版社，2001.

［140］国家税务总局税收科学研究所，中国税制改革与发展编辑部．中国税官论税制改革上［M］．北京：中国城市出版社，2005.

［141］国家税务总局税收科学研究所．中国税务辞典［M］．北京：中国税务出版社，2000.

［142］国家税务总局所得税管理司．我国个人所得税收入情况一览［J］．中国税务，2001（6）．

［143］郝春虹．中国税收流失规模估测［J］．中央财经大学学报，2004（11）．

［144］何菌，沈明高．政府收入、税收结构与中国经济增长［J］．金融研究，2009（9）．

［145］胡鞍钢，赵黎．我国转型期非正规就业与非正规经济（1990—2004）［J］．清华大学学报（哲学社会科学版），2006（21）．

［146］胡放之．中国经济起飞阶段的工资水平研究［M］．北京：中国经济出版社，2005.

［147］胡怡建．外商投资企业税收政策制度特点分析［J］．外国经济与管

理，1992（6）.

[148] 黄夏岚，胡祖铨，刘怡. 税收能力、税收努力与地区税负差异 [J]. 经济科学，2012（4）.

[149] 黄宗智. 中国被忽视的非正规经济：现实与理论 [J]. 开放时代，2009（2）.

[150] 黄宗智. 中国发展经验的理论与实用含义——非正规经济实践 [J]. 开放时代，2010（10）.

[151] 黄宗智，李强，潘毅，等. 中国非正规经济 [J]. 开放时代，2011（1）.

[152] 贾绍华. 我国税收流失的测算分析与治理对策探讨 [J]. 财贸经济，2002（4）.

[153] 贾绍华. 中国税收流失问题研究 [M]. 北京：中国财政经济出版社，2002.

[154] 贾智莲，卢洪友，税收努力、环境差异与地方政府财政汲取能力——基于中国省级数据的实证研究 [J]. 财经论丛，2009（5）.

[155] 焦建国. 个人所得税潜力分析 [J]. 税务研究，2001（2）.

[156] 金鑫，等. 中华民国工商税收史（直接税卷）[M]. 北京：中国财政经济出版社，1996.

[157] 经济合作与发展组织. 2012年全球发展展望：变迁世界中的社会和谐 [M]. 北京：国家行政学院出版社，2012.

[158] 李稻葵. 理性看待劳动收入占比下降 [M]. 上海经济，2010（7）.

[159] 李国锋. 税收收入能力测算模型、方法及实证研究 [D]. [博士学位论文]. 首都经济贸易大学，2009.

[160] 李建军. 税收征管效率评估分析：1997—2007 [J]. 中国经济问题，2011（3）.

[161] 李建军. 经济开放与地方财政收支研究 [M]. 成都：西南财经大学出版社，2012.

[162] 李实，赖德胜，罗楚亮，等. 中国收入分配研究报告 [M]. 北京：社会科学文献出版社，2013.

[163] 李扬，殷剑峰. 中国高储蓄率问题探究 [J]. 经济研究，2007（6）.

[164] 李宗卉，鲁明泓. 中国外商投资企业税收优惠政策的有效性分析

[J]. 世界经济, 2004 (10).

[165] 梁季. 中国税收收入能力估测及其应用研究 [M]. 北京: 经济科学出版社, 2007.

[166] 梁季. 劳动报酬占比的国际比较与分析. 经济研究参考 [J], 2012 (45).

[167] 梁朋. 税收流失规模: 地下经济视角的分析 [J]. 中国青年政治学院学报, 2001 (1).

[168] 梁朋. 税收流失经济分析 [M]. 北京: 中国人民大学出版社, 2000.

[169] 刘洪, 平卫英. 我国非正规经济对税收收入影响的实证分析 [J]. 数量经济技术经济研究, 2004 (2).

[170] 刘洪, 夏帆. 我国非正规经济规模的定量估测 [J]. 统计研究, 2003 (10).

[171] 刘剑文. 财税法原理、案例与材料 [M]. 北京: 北京大学出版社, 2013.

[172] 刘黎明, 刘玲玲. 我国个人所得税流失的规模测算 [J]. 财政研究, 2005 (4).

[173] 刘新利. 宏观经济均衡中的税收负担和税收收入决定因素 [J]. 税务研究, 2000 (2).

[174] 刘新利. 税收分析概论 [M]. 北京: 中国税务出版社, 2000.

[175] 卢洪友. 从建立现代财政制度入手推进国家治理体系和治理能力现代化 [J]. 地方财政研究, 2014 (1).

[176] 陆伟芳. 世界视野中的扬州区域社会发展 [M]. 北京: 社会科学文献出版社, 2012.

[177] 罗长远, 张军. 经济发展中的劳动收入占比: 基于中国产业数据的实证研究 [J]. 中国社会科学, 2009 (4).

[178] 罗长远, 张军. 劳动收入占比下降的经济学解释——基于中国省级面板数据的分析 [J]. 管理世界, 2009 (5).

[179] 罗长远. 中国劳动收入占比变化的趋势、成因和含义 [M]. 上海: 格致出版社, 2014.

[180] 洛克. 寻租——对寻租活动的经济学分析 [M]. 李政军, 译. 成都: 西南财经大学出版社, 1999.

[181] 吕冰洋,樊勇.分税制改革以来税收征管效率的进步和省际差别[J].世界经济,2006(10).

[182] 吕冰洋,郭庆旺.中国税收高速增长的源泉:税收能力和税收努力框架下的解释[J].中国社会科学,2011(2).

[183] 吕冰洋,李峰.中国税收超GDP增长之谜的实证解释[J].财贸经济,2007(3).

[184] 马栓友.税收结构与经济增长的实证分析——兼论我国的最优直接税/间接税结构[J].经济理论与经济管理,2007(7).

[185] 马学思著.中西税收文化论纲[M].北京:新华出版社,2007.

[186] 密云县志编纂委员会.密云县志[M].北京:北京出版社,1998.

[187] 缪小林,程李娜.PPP防范我国地方政府债务风险的逻辑与思考——从"行为牺牲效率"到"机制找回效率"[J].财政研究,2015(8).

[188] 南京市地税局,南京市税务学会编著,科学发展和谐税收[M].南京:南京大学出版社,2009.

[189] 乔宝云,刘乐峥,赵建梅等.公共财政研究报告:中国税收收入和税收收入能力研究[M].北京:中国财政经济出版社,2009.

[190] 秦泮义.中国税源管理研究[D].[博士学位论文].中国人民大学财金学院,2001.

[191] 人民论坛.第一言论:关于中国焦点问题的战备思考(精华版)[M].北京:国家行政学院出版社,2011.

[192] 邵挺.金融错配、所有制结构与资本回报率:来自1999—2007年我国工业企业的研究[J].金融研究,2010(9).

[193] 税收收入能力国际研讨会观点综述(续)[J].税务研究,1996(2).

[194] 税收收入能力国际研讨会综述[J].税务研究,1995(3).

[195] 宋国青,卢唐杰,赵洪岩,刘鎏.我国资本报回报率估测:1978—2006[D].北京大学中国经济研究中心工作论文.No. C2007002. 2007.

[196] 谭荣华.税收数据分析方法与应用[M].北京:中国税务出版社,2012.

[197] 唐战彪.浅谈我国税收收入能力估算[J].财金贸易,1995(8).

[198] 王德祥,李建军.我国税收征管效率及其影响因素[J].数量经济技术经济研究,2009(4).

[199] 王剑锋. 个人所得税超额累进税率结构有效性的一个验证——以对我国职工工薪所得数据的模拟为基础 [J]. 当代财经, 2004 (4).

[200] 王剑锋. 中央集权型税收高增长路径理论与实证分析 [J]. 管理世界, 2008 (7).

[201] 王玮. 纳税人权利与我国税收遵从度的提升 [J]. 税务研究, 2008 (4).

[202] 王小鲁, 樊纲. 中国经济增长的可持续性 [M]. 北京: 经济科学出版社, 2000.

[203] 王永进, 盛丹. 要素积累、偏向型技术进步与劳动收入占比 [J]. 世界经济文汇, 2010 (4).

[204] 王远伟. 利益集团影响税收政策过程研究 [D]. 财政部财政科学研究所博士论文, 2014.

[205] 魏俊, 王玉华. 财政税收法概论 [M]. 北京: 知识产权出版社, 2012.

[206] 咸春龙. 中国个人所得税流失及其成因研究 [M]. 温思美主编. 北京: 中国经济出版社, 2012.

[207] 吴俊, 张帆. 对我国税收收入结构分析及改革方向探讨 [J]. 经济问题探索, 2014 (5).

[208] 伍晓鹰. 中国工业化道路的再思考 [J]. 比较（第75辑）. 2014 (6).

[209] 伍云峰. 我国税收流失规模测算 [J]. 当代财经, 2008 (5).

[210] 夏南新. 税收诱致性现金持有量模型因果性检验及对我国地下经济规模的估测 [J]. 统计研究, 2004 (3).

[211] 项怀诚, 郑家享. 新财税大辞典 [M]. 北京: 中国统计出版社, 1995.

[212] 谢滨. 税收征管效率评估——基于随机前沿模型研究 [J]. 税务研究, 2007 (11).

[213] 辛浩. 我国地方税种收入能力测算方法及应用研究 [D]. 华中科技大学博士学位论文, 2009.

[214] 徐晔, 袁莉莉, 徐战平. 中国个人所得税制度 [M]. 上海: 复旦大学出版社, 2010.

[215] 阎坤, 于树一. 对利息征税的改革方向及政策建议 [J]. 税务研究,

2005（7）.

［216］杨得前. 我国2000—2012年增值税收入能力及税收努力测算与评估［J］. 税务研究，2015（9）.

［217］杨得前. 我国企业所得税收入能力及税收努力估计（2002—2011）［J］. 当代财经，2014（9）.

［218］杨元伟. 关于税收收入能力的估算体系（上）［J］. 中国税务，1996（10）.

［219］杨元伟. 关于税收收入能力的估算体系（下）［J］. 中国税务，1996（11）.

［220］俞敏. 税收规避法律规制研究［M］. 上海：复旦大学出版社，2012.

［221］张汉林. WTO与中国经济（第二卷）［M］. 北京：中国环境科学出版社，2005.

［222］张军. 中国的工业改革与经济增长：问题与解释［M］. 上海：上海人民出版社，2003.

［223］张培森，刘佐. 个人所得税：在中国何时成为主体税种［J］. 经济研究参考. 1998（31）.

［224］张银平. 纵览中国经济：名家论改革［M］. 合肥：安徽人民出版社，2013.

［225］张志超，曲绍宏，王洪涛. 中国财政现代化模式的历程——民国时期（1912—1937）财税改革问题对话［J］. 华北水利水电学院学报（社科版），2007（3）.

［226］张志梁. 所得税暂行条例详解［M］. 北京：商务印书馆，1937.

［227］赵峰. 市场经济下税源和税负的价值内涵［J］. 涉外税务，2002（9）.

［228］赵人伟，李实. 中国居民收入分配问题研究［M］. 北京：中国社会科学出版社，1994.

［229］赵志耘，杨朝峰. 分税制改革以来我国地方税收努力研究——基于省际面板数据的实证分析［J］. 经济与管理研究，2009（12）.

［230］赵子建. 基层政府人员编制隐性膨胀问题研究［M］. 北京：国家行政学院出版社，2013.

［231］中国农民工问题研究总报告起草组. 中国农民工问题研究总报告

[J]. 改革, 2006 (5).

[232] 中国社会科学院财经战略研究院, 利丰研究中心. 中国商业发展报告 2011~2012 [M]. 北京: 社会科学文献出版社, 2012.

[233] 中国社会科学院工业经济研究所. 中国工业发展报告 2011: 中国工业的转型升级 [M]. 北京: 经济管理出版社, 2011.

[234] 中国特色社会主义经济发展道路课题组, 中国特色社会主义经济发展道路 [M]. 北京: 中央文献出版社, 2013.

[235] 周国富. 国外测算非正规经济的各种方法及其观点综述 [J]. 统计研究, 1999 (4).

[236] 周黎安. 中国地方官员的晋升锦标赛模式研究 [J]. 经济研究, 2007 (7).

[237] 周黎安, 刘冲, 厉行. 税收努力、征税机构与税收增长之谜 [J]. 经济学季刊, 2011 (1).

[238] 周叶. 税收遵从度的衡量 [J]. 税务研究, 2006 (4).

[239] 朱俊福. 税收执法风险防范与控制 [M]. 兰州: 甘肃人民出版社, 2012.

[240] 朱青. 中国税负高低辨析——评《福布斯》杂志的中国"税收痛苦指数" [J]. 中国税务, 2007 (8).

[241] 朱偰. 所得税发达史 [M]. 重庆: 正中书局, 1947.